Wettbewerbsfähigkeit durch Innovation

Springer

Berlin
Heidelberg
New York
Hongkong
London
Mailand
Paris
Tokio

Roland Springer

Wettbewerbs-
fähigkeit
durch Innovation

Erfolgreiches Management
organisatorischer Veränderungen

Mit einem Geleitwort
von Manfred Göbels
sowie 25 Regeln, 29 Praxisbeispielen
und 15 Abbildungen

 Springer

Dr. habil. Roland Springer

Institut für Innovation und Management (IIM GmbH)
Zeppelinstraße 10
73760 Ostfildern
http://www.iim-stuttgart.de

ISBN 3-540-40420-1   Springer-Verlag Berlin Heidelberg New York

Bibliografische Information Der Deutschen Bibliothek
Die Deutsche Bibliothek verzeichnet diese Publikation in der Deutschen Nationalbibliografie;
detaillierte bibliografische Daten sind im Internet über *http://dnb.ddb.de* abrufbar.

Springer-Verlag Berlin Heidelberg New York
ein Unternehmen der BertelsmannSpringer Science + Business Media GmbH

http://www.springer.de

© Springer-Verlag Berlin Heidelberg 2004
Printed in Germany

Umschlaggestaltung: Erich Kirchner, Heidelberg

SPIN 10939307   42/3130 – 5 4 3 2 1 0 – Gedruckt auf säurefreiem Papier

Da es aber meine Absicht ist, etwas Brauchbares für den zu schrei-
ben, der Interesse dafür hat, schien es mir zweckmäßiger, dem wirk-
lichen Wesen der Dinge nachzugehen als deren Phantasiebild ... ;
denn zwischen dem Leben, wie es ist, und dem Leben, wie es sein
sollte, ist ein so gewaltiger Unterschied, dass derjenige, der nur
darauf sieht, was geschehen sollte, und nicht darauf, was in Wirk-
lichkeit geschieht, seine Existenz viel eher ruiniert als erhält.
(Niccolò Machiavelli, 1469 – 1527, in: Der Fürst)

Geleitwort

Als ich vor fast vierunddreißig Jahren in die Daimler-Benz AG eintrat, erlebte ich eine Führungskultur, wie sie in der deutschen Wirtschaft der Nachkriegszeit allgemein üblich war: hicrarchiebewusste Führung gegenüber hierarchiegläubigen Mitarbeitern, zentralistisch ausgerichtet, absolutistisch geführt von meist charismatischen Persönlichkeiten, Zielvorgaben von oben, genaue Vorgaben zur Zielerreichung und dementsprechend geringe Handlungsspielräume. Kritische Fragen galten als aufmüpfig oder gar als Querulantentum. Heinrich Manns Roman „Der Untertan" hätte zu dieser Zeit auch im Hause Daimler-Benz spielen können.

Versuche, bestehende Prozesse oder Systeme zu hinterfragen und zu verändern wurden als umstürzlerisch gebrandmarkt und daher unterbunden. Beherrschend war ein organisatorischer Strukturkonservativismus („Keine Experimente"), der sich durch den anhaltenden wirtschaftlichen Erfolg des Unternehmens und den ausgezeichneten Ruf seiner Produkte legitimierte. Mit dem Namen Daimler-Benz verbinden sich bis heute Begrifflichkeiten wie Zuverlässigkeit, Sicherheit, Solidität und vor allem Qualität, geprägt durch die Maxime Gottlieb Daimlers: „das Beste oder Nichts".

Schon Anfang der achtziger Jahre des vorigen Jahrhunderts war jedoch erkennbar, dass die „gute, alte Ordnung" unter einen zunehmenden Veränderungsdruck geriet. Die hohen und weiter steigenden Ansprüche an Produktivität und Qualität waren mit den herkömmlichen Organisationsformen und dem bisherigen Führungsstil immer weniger zu erfüllen. In einem personalpolitischen Memorandum des damaligen Personalvorstandes wurde daher ein neues Führungsverhalten beschrieben und eingefordert. In einer vom Gesamtsprecherausschuss des Unternehmens Mitte der achtziger Jahre initiierten Befragung der Führungskräfte zeigte sich allerdings, dass dieser Appell wenig gefruchtet und sich zwischen Anspruch und Wirklichkeit des Führungshandelns eine erhebliche Kluft aufgetan hatte.

Während die Anforderungen an mehr Selbstverantwortung und unternehmerische Initiative durch veränderte Umfeldanforderungen deutlich gestiegen waren und viele, insbesondere jüngere Führungskräfte auch einen ausgeprägten Willen zur Gestaltung und Übernahme unternehmerischer Mitverantwortung zum Ausdruck brachten, setzten vor allem die alteingesessenen Führungskräfte nach wie vor auf ein Führungsverhalten, das durch Unterordnung und Anpassung gekennzeichnet war. Der bisherige Weg zum Erfolg, der so zuverlässig schien, sollte nicht verlassen, das Untertanentum beibehalten werden.

Nicht nur der Wunsch einer neuen Generation von Führungskräften nach mehr Verantwortung und Entscheidungsspielräumen, sondern auch die veränderten wirtschaftlichen und gesellschaftlichen Rahmenbedingungen sowie neue Wettbewerber machten jedoch nicht nur ein neues Denken, sondern eine neue Praxis von Unternehmensführung notwendig, die auf mehr unternehmerische Initiative und Eigenverantwortung auf allen Führungsebenen setzte. Schon Mitte der achtziger Jahre war zu erkennen, dass Entscheidungsbefugnisse von der Zentrale in die operativen und wertschöpfenden Bereiche verlagert werden mussten, dass Freiräume für kreatives und innovatives Handeln zu schaffen waren und dass ein Führungsstil zu etablieren war, der auf Partizipation der Mitarbeiter und auf Prinzipien von Kollegialität und Teamgeist baute. Dazu mussten Wagenburg-Mentalitäten und Ressortegoismen angegangen sowie jahrelanges Misstrauen in Vertrauen überführt werden. Dies war nur durch Taten und nicht durch bloße Worte möglich.

Erste Versuche, diese Veränderungen in die Wege zu leiten, scheiterten zunächst an den Widerständen der ewig Gestrigen, die trotz der neuen Führungsgeneration und deren Wünschen nach Veränderung immer noch tonangebend waren. Sie sonnten sich weiterhin in den zunehmend verblassenden Erfolgen der Vergangenheit und leugneten so ziemlich alle Veränderungsbedarfe. Ende der achtziger, Anfang der neunziger Jahre wurde, bedingt durch nicht mehr zu kaschierenden Kosten- und Produktivitätsprobleme, der Veränderungsdruck jedoch so groß, dass sich die Unternehmensleitung zu dem dringend notwendigen, tiefgreifenden organisatorischen Veränderungsprozess entschloss. Dabei konnten wir sehr schnell die Erfahrung machen, dass zum eigenverantwortlichen Handeln nicht nur das Wollen, sondern auch das Können und Dürfen gehört. Mündiges Verhalten war nicht bei allen Führungskräften gleich entwickelt und nicht wenige gaben sich mit ihren geringen Entscheidungsbefugnissen, die sie von Verantwortung entlasteten, durchaus zufrieden. Auf der anderen Seite waren aber auch nicht alle Führungskräfte bereit, mehr Mündigkeit ihrer Mitarbeiter zuzulassen und Entscheidungskompetenzen an sie zu delegieren. Sie fürchteten um Einfluss und Macht und wehrten sich gegen das Unvermeidliche.

Hinzu kam, dass die zu Beginn der neunziger Jahre verabschiedete „neue Führungsorganisation", die nicht nur weniger Hierarchieebenen, sondern auch veränderte Zuständigkeiten beinhaltete, allein bei den Leitenden Angestellten zu einer Einsparung von fünfundzwanzig Prozent der bisherigen Stellen führte. Dies löste verständlicherweise erhebliche Widerstände der Betroffenen aus. Trotzdem stellte sich der Gesamtsprecherausschuss der Leitenden Angestellten, der durch seine Befragungen ja maßgeblich zu dieser Entwicklung beigetragen hatte, hinter den Veränderungsprozess. In zahlreichen Veranstaltungen wurden den Führungskräften des Unternehmens Ursachen, Ziele und Inhalte der organisatorischen Veränderungen erläutert und mit ihnen diskutiert. Ganz entscheidend war dabei, dass die anstehenden Veränderungen in ein Gesamtkonzept gegossen wurden, das allen Beteiligten und Betroffenen zeigte, wohin die Reise ging.

Gleichzeitig waren mit der Unternehmensleitung, dem Gesamtsprecherausschuss und dem Gesamtbetriebsrat tolerable Übergangslösungen für die Betroffenen zu schaffen, was auch weitgehend gelang. Veränderungsprozesse, die nur Verlierer hinter sich lassen, haben keine Aussicht auf Akzeptanz und damit auf dauerhaften Erfolg, sondern werden bei der nächsten sich bietenden Gelegenheit wieder unterwandert. Andererseits können insbesondere bei größeren Veränderungen nicht alle gewinnen. Das wäre zwar wünschenswert, ist aber realitätsfern. Entscheidend ist daher, dass auch die Verlierer erkennen, dass im Interesse des Ganzen gehandelt werden muss und sie zugleich nicht zu Opfern werden, für deren Zukunft die Gewinner sich nicht mehr verantwortlich zeigen. Die hinreichende Solidarität zwischen Gewinnern und Verlierern ist in Veränderungsprozessen ein unverzichtbarer Erfolgsfaktor. Er verhindert, dass aus Veränderungsprozessen Freund-Feind-Auseinandersetzungen werden, die den Wandel in aller Regel nur erschweren. Sie sind nicht immer ganz zu unterbinden, manchmal auch unvermeidlich, sollten aber nach Möglichkeit vermieden werden.

Gleichwohl verlaufen organisatorische Veränderungen alles andere als interessen- und konfliktfrei. Das zeigt nicht zuletzt auch die weitere Entwicklung der DaimlerChrysler AG, die dem Unternehmen zwischenzeitlich ein völlig neues Profil gegeben hat. Vom integrierten Technologiekonzern wieder zurück zu den Wurzeln eines reinen Automobilherstellers, von der Marke Mercedes Benz mit dem Umsatzschwerpunkt in Europa zu einer Mehrmarkenstrategie auch in den USA und in Asien, von einer Funktional- über eine Divisional- zu einer Matrix-Organisation. Hinzu kommt die ständige Weiterentwicklung des DaimlerChrysler Produktionssystems (DCPS) mit seinen laufenden Anpassungen der Produktions- und Arbeitsorganisation an die Erfordernisse des Weltmarkts. Wer heute in der Automobilherstellung die Pole-Position erreichen und halten will, kann auf organisatorische Veränderungen nicht mehr verzichten. Die Zeiten des Strukturkonservativismus sind damit endgültig vorbei. DaimlerChrysler steht heute, wie andere Unternehmen, nicht nur für die ständige Innovation seiner Produkte, sondern auch die ständige Veränderung seiner organisatorischen Strukturen und Abläufe.

Dies führt zu einem dramatischen Anstieg der Komplexität, nicht nur weil viele Veränderungen gleichzeitig passieren, sondern auch, weil sie zunehmend ineinander greifen und deswegen miteinander zu vernetzen sind. Die Führungskräfte sind in einer noch nie da gewesenen Art und Weise gefordert, ihr normales Liniengeschäft zu betreiben und gleichzeitig zum Treiber des Wandels zu werden. Innovationen müssen nicht nur gut konzipiert, sondern auch erfolgreich umgesetzt werden, was häufig genug die eigentliche Herkulesarbeit darstellt.

Die Anforderungen an das Management haben sich dadurch dramatisch geändert. Statt Vollzugsbeamten werden Gestalter benötigt, die ihr Tagesgeschäft ebenso beherrschen wie dessen Veränderung. Die herkömmlichen Vorstellungen und Techniken von Führen, Organisieren und Umsetzen reichen hierfür bei weitem nicht mehr aus. Wenig zielführend ist auch der bloße Appell an unternehmerische Initiative und Verantwortung, verbunden mit einer Erweiterung der Entscheidungsbefugnisse. Sie sind zwar eine notwendige, aber keine hinreichende Bedingung zur Bewältigung der heutigen Anforderungen. Es reicht nicht aus, es jedem einzelnen zu überlassen, wie er sich als eigenverantwortlicher, mit großen Freiräumen ausgestatteter Mitarbeiter an Probleme heranmacht, für deren Lösung er keine hinreichenden Grundlagen und Methoden besitzt. Die Philosophie eines organisatorischen „Laissez-faire" ist keine tragfähige Antwort auf die heutigen Herausforderungen.

Nicht nur bei DaimlerChrysler ist daher in den letzten Jahren an manchen Stellen wieder der Ruf nach den alten Formen des Zentralismus und Bürokratismus, verbunden mit Bevormundung und Entmündigung laut geworden. Ein Rückfall in den alten bürokratischen Zentralismus wäre aber fatal. Er würde die Anpassungsfähigkeit der Unternehmen stark beeinträchtigen und ihre Wettbewerbsfähigkeit behindern. Gefordert ist daher eine Befähigung des Managements, seine unternehmerischen Freiheiten zielgerichtet und verantwortungsvoll zu nutzen. Das ist ohne entsprechende methodische Standards und Regeln des Führens und Organisierens nicht möglich. Es macht keinen Sinn, wenn in weltweit agierenden und zunehmend komplexer werdenden Unternehmen von jedem einzelnen, unabhängig von den jeweils anderen versucht wird, in allen Disziplinen der Technik, der Organisation und der Führung das „Rad neu zu erfinden". Über kurz oder lang überfordert die Komplexität nicht nur die Unternehmen, sondern auch ihre Führungskräfte.

Steigende Komplexität ohne Standards führt, wie der Autor dieses Buches schon in seiner Studie über die „Rückkehr zum Taylorismus?" gezeigt hat, ins Chaos. Das entspricht auch meinen eigenen Erfahrungen und Beobachtungen, die ich während meiner langjährigen beruflichen Tätigkeit nicht nur im eigenen Hause machen konnte. Gefordert ist eine dialektische Synthese aus dem herkömmlichen bürokratischen Zentralismus mit seinen starren Standards und einer Selbstorganisation, die auf jegliche Standardisierung verzichten will. Beide sind keine adäquaten Antworten auf die heutigen Anforderungen. Benötigt werden vielmehr auf allen Gebieten des unternehmerischen Handelns flexible, das heißt anpassungsfähige Standards, die hinreichend Orientierung und Handlungssicherheit vermitteln und trotzdem die notwendige Handlungs- und Entscheidungsfreiheit gewähren. Sie bilden die Grundlage eines dritten Weges zwischen einem überkommenen Zentralismus und einer chaotischen Selbstorganisation.

Flexible Standards können nicht verordnet, sondern nur von unten, aus der alltäglichen Praxis auf der Grundlage von Best-Practice-Vergleichen gewonnen und dann entsprechend verallgemeinert werden. Das gilt heute nicht nur für die vielfach beschriebenen Methoden des Entwickelns, Herstellens und Verkaufens von Produkten und Dienstleitungen, sondern ebenso für die weit weniger beschriebenen Methoden der Entwicklung und Umsetzung organisatorischer Veränderungsansätze. Weitgehend unterbelichtet sind in diesem Zusammenhang vor allem jene Methoden und Regeln, die erforderlich sind, um in Veränderungsprozessen divergierende Interessen in gemeinsames Handeln zu überführen. Erst wenn dies gelingt, ist auch zu erwarten, dass organisatorische Veränderungen mehr werden als bloße Proklamationen.

Der Autor, der viele der von mir erwähnten Veränderungen von Anbeginn nicht nur bei der DaimlerChrysler AG aktiv mitgestaltet hat, spricht hier von Political Engineering. Mit dem vorliegenden Buch gibt er auf der Basis eines breiten Erfahrungsschatzes einen fundierten Einblick in die schwierigen Wechselwirkungen unterschiedlicher Interessen und zeigt, wie diese zu beherrschen sind. Er hat damit nicht nur eine Lücke im Managementwissen geschlossen, sondern auch einen wesentlichen Beitrag geleistet, um organisatorische Veränderungen erfolgreicher als bisher vorantreiben und realisieren zu können.

Manfred Göbels

langjähriger Vorsitzender des Gesamtsprecherausschusses der Leitenden Angestellten sowie Aufsichtsratsmitglied der DaimlerChrysler AG und heutiger Präsident des Deutschen Führungskräfteverbandes (ULA)

Inhaltsverzeichnis

Einleitung

In Deutschland mangelt es nicht an Innovationskonzepten, sondern an deren konsequenten Umsetzung. Diesem Urteil wird kaum jemand widersprechen, sofern es um die gesellschaftlichen und volkswirtschaftlichen Innovations- und Rationalisierungsprojekte geht, die von allen politischen Parteien seit Jahren angekündigt, aber bestenfalls in ersten Ansätzen realisiert werden. Kaum zuvor war in der Geschichte der Bundesrepublik der gesellschaftliche und wirtschaftliche Veränderungsdruck so groß wie heute; und niemals zuvor zeigte sich die politische Klasse dieses Landes, zu der nicht nur die Vertreter der Parteien, sondern auch der Interessenverbände zu zählen sind, in ihrer Mehrheit so veränderungs- und zukunftsunfähig wie es gegenwärtig der Fall ist. Einem wachsenden Innovationsbedarf steht ein sinkendes Innovationsvermögen gegenüber. In der sich dazwischen aufbauenden Kluft entwickeln sich Stagnation und Defätismus. Gilt dies auch für die Unternehmen in unserem Land, von denen die wirtschaftliche Leistungs- und Zukunftsfähigkeit des Standortes Deutschland ja maßgeblich abhängt?

Die meisten Unternehmer und Manager werden diese Frage ebenso verneinen wie die meisten Beobachter des unternehmerischen Handelns. Sie können dabei unter anderem auf die Zustimmung manches Betriebsrates setzen, der in den letzten Jahren miterlebt hat, welche teilweise radikalen Veränderungen in deutschen Unternehmen in Gang gesetzt und realisiert worden sind, um die organisatorischen Strukturen und Abläufe zu rationalisieren. Trotz einer sich inzwischen verstärkenden Kritik an manchen Auswüchsen eines Shareholder-Value-Kapitalismus, wird den Unternehmen und ihren Managern im allgemeinen nicht zum Vorwurf gemacht, sie betrieben keine Innovation. Vielmehr zeigt sich, dass privatwirtschaftliche Organisationen nicht nur in technischer, sondern mittlerweile auch in organisatorischer Hinsicht weit innovationsfreudiger und offenkundig auch innovationsfähiger sind als öffentliche Organisationen und Institutionen.

Und in der Tat ist nicht zu bestreiten, dass sich in vielen deutschen Unternehmen in den letzten zehn bis fünfzehn Jahren nicht nur ein erheblicher technischer, sondern vor allem auch organisatorischer Innovationsschub vollzogen hat. Die Unternehmen haben in den neunziger Jahren entdeckt, dass sich Effizienzpotenziale nicht nur mittels Automatisierung und Zeitstudien, sondern auch mittels innovativer Arbeitsformen, flexibler Arbeitszeiten oder neuer Logistikkonzepte erschließen lassen. Die jeweiligen Maßnahmen wurden zur damaligen Zeit in den Unternehmen maßgeblich durch die veränderten weltwirtschaftlichen Rahmenbedingungen, aber auch schon durch die steigenden Kosten eines expandierenden Sozialstaats in Gang gesetzt.

Mittlerweile haben sich nicht nur die weltwirtschaftlichen Rahmenbedingungen weiter verschärft, sondern auch die Sozialkosten zusätzlich erhöht. Beides bewirkt, dass die Anforderungen an die Produktivität der Unternehmen auf unabsehbare Zeit weiter steigen. Der Druck auf eine schnelle und wirksame Umsetzung der jeweiligen Innovationsmaßnahmen nimmt dadurch deutlich zu. Die Unternehmen können es sich immer weniger leisten, dass ihre Veränderungsprojekte im Sande verlaufen oder gar scheitern. Beides ist jedoch gerade auf dem Feld organisatorischer Veränderungen häufig der Fall.

Nicht nur in der Politik, sondern auch in den Unternehmen wird nur mit Wasser gekocht, wenn es darum geht, festgefahrene Strukturen und Abläufe in Frage zu stellen und durch bessere zu ersetzen; und auch sie haben mit dem Problem zu kämpfen, dass die Entwicklung vorwärtsweisender Konzepte das eine, ihre Umsetzung hingegen das andere ist. Im Unterschied zu den meisten (sozial-) staatlichen Institutionen verfügen Unternehmen jedoch über keine Bestandsgarantien, sondern verschwinden über kurz oder lang vom Markt, wenn es ihnen nicht gelingt, derlei Defizite zu beheben. Unternehmen sind daher in einer besonderen Weise gezwungen, die Kluft zwischen Anspruch und Wirklichkeit ihrer Veränderungsmaßnahmen zu schließen.

Dabei geht es nicht nur um die Glaubwürdigkeit des Managements, sondern auch um die Frage, wie die Verschwendung von

Management- und nicht selten auch Mitarbeiterressourcen in Innovationsprozessen vermieden werden kann. Für die Unternehmen kommt es nicht nur darauf an, dass ihre organisatorischen Veränderungsmaßnahmen überhaupt greifen, sondern dass sie dies möglichst wirksam und schnell tun. Hier liegen Effizienzpotenziale und Wettbewerbsvorteile, die noch kaum erschlossen und genutzt sind.

Das vorliegende Buch basiert im wesentlichen auf Erfahrungen, die ich in den letzten Jahren – zunächst als Organisationswissenschaftler, dann als Manager und inzwischen als selbständiger Berater – mit der Entwicklung und Umsetzung unterschiedlichster organisatorischer Innovationsansätze sammeln konnte. Sie haben mir gezeigt, dass Effizienzsteigerung mittels organisatorischer Veränderungen eine praktische Aufgabenstellung ist, die sich einer Verwissenschaftlichung weitgehend entzieht. Es gibt keine Gesetze des organisatorischen Wandels, die nur entdeckt werden müssten, um daraus dann eine wissenschaftliche Methodenlehre zu zimmern, die dann in der Praxis mehr oder weniger umstandslos angewendet werden kann. Vielmehr gilt: jede Theorie unterliegt einem ständigen Praxisvorbehalt und kann deswegen jederzeit außer Kraft gesetzt werden. Auf organisationswissenschaftliche Theorien wird deswegen in den Unternehmen nicht viel gegeben. Meist werden sie noch nicht einmal zur Kenntnis genommen, geschweige denn in irgendeiner Weise angewendet. Gehandelt wird vielmehr nach dem Motto: „The Proof of the Pudding is in the Eating". Damit wird ein weitgehend uneingeschränktes Primat der Praxis gegenüber jeglicher Theorie zum Ausdruck gebracht.

Dies ist im wesentlichen dem Umstand geschuldet, dass wir es bei organisatorischen Veränderungen nicht mit bloß wirtschaftlichen und sozialen, sondern mit interessengeleiteten und damit politischen Prozessen zu tun haben. Effizienzsteigerung war, ist und bleibt insbesondere dann ein politischer Vorgang, wenn sie mittels organisatorischer Maßnahmen betrieben wird. Sie lässt sich nicht durch Methoden eines „Scientific Management" ihrer Interessendimension entkleiden, so als ob es nur darum ginge, einige Naturgesetze der Arbeit zu entdecken, um mit ihrer Hilfe den organisatorischen Rationalisierungsprozess konfliktfrei gestalten zu können. Der Traum einer durch „Wissenschaftliche Betriebsführung" optimierten und zugleich weitgehend konfliktfreien Arbeitswelt hat sich nicht als

realitätsgerecht erwiesen. Was wir in den Unternehmen vielmehr er-
leben, sind Kleinkriege um organisatorische Veränderungen, in denen äußerst komplexe und vielschichtige Interessenkonstellationen
eine entscheidende, wenn nicht die entscheidende Rolle spielen.

Organisationsfragen sind bekanntlich in einer besonderen Weise
Machtfragen. Das politische Moment prägt dabei keineswegs nur die
Entscheidungsprozesse auf den höheren Führungsetagen, sondern
durchdringt die Veränderungsprozesse auf allen Ebenen. Oben wie
unten sind in den Unternehmen Interessen im Spiel, die das Verhalten aller Beteiligten und Betroffenen mikropolitisch aufladen. Ob ein
Vorstandsmitglied im Rahmen einer Neuverteilung von Geschäfts-
feldern die Interessen seines Ressorts zu schützen versucht, macht in
der Sache keinen Unterschied zu dem entsprechenden Verhalten
zum Beispiel eines Gruppenleiters, der vor allem die Interessen seines Bereiches im Auge hat, wenn es darum geht, Verantwortlichkeiten beim unteren Management neu zu ordnen. Sie alle handeln notgedrungen interessengeleitet und damit zunächst einmal gegeneinander, bevor sie miteinander kooperieren. Das Miteinander ist
deswegen kein Automatismus, sondern das Ergebnis eines gezielten
Interessenmanagements, das ich Political Engineering nenne. Es ist
kein notwendiges Übel, sondern unverzichtbarer Bestandteil allen
auf organisatorische Veränderung und Zukunft hin orientierten Handelns.

Im Political Engineering der Unternehmen geht es, wie häufig
gemeint wird, keineswegs alleine um die Frage von Unternehmens-
und Mitarbeiterinteressen. Organisatorische Veränderungsprozesse
sind von einer Vielzahl unterschiedlicher Interessen beeinflusst, die
nicht selten quer zu den Lagerbildungen arbeitspolitischer Interessen
liegen. Sie alle bewirken, dass sich die Veränderungen nicht konfliktfrei abspielen, sondern als verdeckte oder offene Auseinandersetzungen zwischen unterschiedlichen Interessengruppen vollziehen.
Das Wissen um das richtige Verhalten in diesen Auseinandersetzungen macht einen Großteil des Erfahrungswissens in organisatorischen Veränderungsprozessen aus. Es wird, wie alles Managementwissen, im wesentlichen durch praktisches Tun erworben. Das hat in
vielen Unternehmen in den letzten Jahren dazu geführt, dass sie ihre
organisatorischen Innovationsprozesse in dem Maße besser zu be-

herrschen lernten, wie sie auf diesem Gebiet durch ihre Veränderungsmaßnahmen praktische Erfahrungen akkumulierten.

Dennoch ist Management keine Sache bloßer praktischer Erfahrung. Vielmehr handelt es sich, wie Peter F. Drucker und Fredmund Malik immer wieder betont haben, um ein Handwerk, das systematisch erlernt werden kann und mit Hilfe entsprechender Werkzeuge zu beherrschen ist. Das gilt nicht zuletzt oder vielleicht sogar in besonderer Weise auch für das Management organisatorischer Veränderungen. Political Engineering ist lernbar, auch wenn es auf den ersten Blick nicht so scheinen mag. Die systematische Aneignung des entsprechenden Handwerks setzt allerdings voraus, dass vorhandenes Erfahrungswissen aufbereitet und – soweit möglich und sinnvoll – methodisch systematisiert wird.

An Erfahrungswissen mangelt es auf dem Feld organisatorischer Innovationen inzwischen immer weniger. Dabei handelt es sich freilich um eine Form des Wissens, die schwer zu fassen ist. Im Englischen wird daher von „Tacit Knowledge" (Stillschweigendem Wissen) gesprochen. Gerade das Handeln von Managern basiert zu einem Gutteil auf stillschweigenden Wissensbeständen. Managern, die über sie in großem Ausmaß verfügen, wird in den Unternehmen gemeinhin bescheinigt, „mit allen Wassern gewaschen" zu sein. Stillschweigendes Wissen ist außerordentlich wichtig, aber kaum formalisierbar und standardisierbar und deswegen auch schwer zu vermitteln. Vielleicht ist dies einer der Gründe, warum Manager in aller Regel so sehr an Praxisberichten Interesse zeigen. In ihnen wird implizit viel von dem stillschweigenden Wissen vermittelt, über das sie aus noch so guten Lehrbüchern meist nichts erfahren.

Die Unternehmen benötigen zunehmend ein explizites Wissen über die Art und Weise, wie organisatorische Veränderungen zu entwickeln und umzusetzen sind. Sie müssen die Regeln und Methoden eines Political Engineering beherrschen, ohne das sie nicht in der Lage sind, unter den heutigen Bedingungen wirksam Rationalisierung zu betreiben. Auf diesem Gebiet sind, trotz unbestreitbarer Fortschritte in den letzten Jahren, immer noch deutliche Lücken zu schließen. Das vorhandene implizite Wissen muss – soweit möglich – explizit gemacht werden. Ich befasse mich daher schwerpunktmäßig mit dem mikropolitischen Wissen, das man als Manager weder in seiner Ausbildung noch später systematisch vermittelt bekommt, trotzdem aber zwingend trotzdem aber zwingend beherrschen muss, um erfolgreich Effizienzsteigerung durch organisatorische Veränderung betreiben zu können.

Im ersten Kapitel wird zunächst dargestellt, mit welchen organisatorischen Herausforderungen die Unternehmen und ihre Manager heute mehr denn je konfrontiert sind. Organisatorische Veränderungen werden als ein Prozess beschrieben, der nicht nur der ständigen Verbesserung der organisatorischen Strukturen und Abläufe dient, sondern selbst der Optimierung bedarf. Es wird gezeigt, dass die Veränderungsprozesse im wesentlichen von Interessenkonstellationen abhängen, die es mikropolitisch zu gestalten gilt. Sie beeinflussen sowohl die Entwicklung wie auch die Umsetzung von Innovationskonzepten. Im zweiten Kapitel werden daher zunächst die Regeln beschrieben, die bei der Entwicklung von Innovationskonzepten berücksichtigt werden müssen, während sich das dritte Kapitel mit den Regeln der erfolgreichen Umsetzung dieser Konzepte befasst. Im vierten Kapitel werden abschließend die Perspektiven einer verbesserten Wettbewerbsfähigkeit durch Innovation bilanziert.

Erneut haben es einige Freunde, Kollegen, Mitstreiter und Mitstreiterinnen auf sich genommen, die ersten Entwürfe zu lesen und zu kommentieren. Für hilfreiche Anregungen, Kritik und Verbesserungsvorschläge danke ich Jochen Barthel, Christoph Deutschmann, Heinrich Flegel, Manfred Göbels, Stefan Gryglewski, Otmar Hauck, Wolfgang Kämmerle, Andrea Kruse-Bitour, Kurt Kuhn, Michael Lacher, Matthias Hamann, Volker Neumann, Gert Schmidt, Wolfgang Schnelle, Wolfgang Schultetus, Joachim Schulz, Günther Schwab, Hajo Weber, Martina Wegge und Herbert Wiedemann. Die redaktionelle Bearbeitung lag bei Susanne Schock-Blank und Ulrich Ramge, die Betreuung durch den Verlag bei Werner A. Müller. Auch bei ihnen möchte ich mich an dieser Stelle für die engagierte und hilfreiche Unterstützung ausdrücklich bedanken. Mein Dank geht schließlich auch an meine Frau, Sibylle Springer, die mir erneut Mut gemacht und mich dabei unterstützt hat, mir die Zeit zu nehmen, meine beruflichen Erfahrungen der letzten Jahre zu durchdenken und aufzuschreiben.

Diese Erfahrungen gründen nicht zuletzt auf Gesprächen, die ich mit Führungskräften, Mitarbeitern und Betriebsräten in einer Vielzahl von Unternehmen führen konnte. Manche von ihnen standen gegen die in ihrem Unternehmen geplanten Innovationen, viele verhielten sich mehr oder weniger indifferent, nicht wenige engagierten sich jedoch mit Nachdruck für die organisatorische Veränderung und damit für die Wettbewerbsfähigkeit ihrer Unternehmen. Vor allem ihnen ist dieses Buch in der Hoffnung gewidmet, dass ihr Verhalten zum Vorbild aller wird.

1 Innovation und Management

1.1 Der Zwang zu schöpferischer Zerstörung

Rationalisierung durch Innovation

Der österreichische Ökonom Joseph A. Schumpeter hat schon in der ersten Hälfte des vorigen Jahrhunderts auf den Prozess der „Schöpferischen Zerstörung" hingewiesen, der das Wesen des modernen Kapitalismus ausmacht. Gemeint ist damit der Umstand, dass Unternehmen auf Gedeih und Verderb darauf angewiesen sind, nicht nur ständig neue Produktideen zu entwickeln und zu realisieren, sondern auch laufend ihre technischen und organisatorischen Strukturen und Abläufe zu verändern, um auf diese Weise ihre Produktivität weiterzuentwickeln. Bei organisatorischen Innovationen geht es dabei um die Entwicklung und Umsetzung neuer Kombinationen von Aufgaben und Kompetenzen, die einem verbesserten Mitteleinsatz und damit der Rationalisierung dienen. Schöpferisch ist dieser Vorgang, weil permanent neue Kombinationen geschaffen werden müssen; zerstörend wirkt er, weil dies nicht möglich ist, ohne dass Bestehendes in Frage gestellt und verändert wird.

Wir haben es in dem gesamten Geschehen daher mit einer positiven (schöpferischen) wie aber auch mit einer negativen (zerstörenden) Seite zu tun. Dabei ist die negative Seite die Voraussetzung der positiven; denn ohne die Infragestellung und Auflösung des Bestehenden können keine Innovationen Platz greifen. Darin findet der heute auch in Unternehmen zu beobachtende Sachverhalt, dass Innovationen leicht konzipiert, aber schwierig umzusetzen sind, seine wesentliche Ursache. Denn mit der praktischen Umsetzung vollzieht sich erst tatsächlich die Auflösung dessen, was zunächst nur theoretisch in Frage gestellt wird. Erst in der Umsetzung zeigt sich, welche Folgen etwa die Aufhebung hergebrachter organisatorischer Strukturen und Abläufe hat; und erst mit der Umsetzung wird es für alle Beteiligten überhaupt ernst, was ihre teiligten überhaupt ernst, was ihre bisherigen, aber auch ihre neuen Funktionen und Aufgaben betrifft.

Es ist also keineswegs allein das subjektive Unvermögen von Managern, wenn sich Unternehmen schwer tun, organisatorische Innovationen effektiv (wirksam) und effizient (schnell) umzusetzen. Das Management organisatorischer Innovationen ist in sich äußerst schwierig und widerspruchsvoll. Vor allem widerspricht es dem Streben aller Organisationen nach Stabilität und Ruhe, ohne die sie ebenso wenig überlebensfähig wären, wie wenn sie auf Veränderungen komplett verzichten würden. Die innere Stabilität ist gleichsam der natürliche Zustand, dem jede Organisation in ähnlicher Weise zustrebt wie jedes Pendel, das ohne ständige Impulse von außen sich auch allmählich dem Ruhepunkt nähert. Erst sie weist den Mitgliedern der Organisation jene Funktionen, Aufgaben und Rollen zu, die ihnen Identität und Sicherheit vermitteln.

Das gilt auch für Manager. Auch sie sind, wie ihre Mitarbeiter, daher keineswegs daran interessiert, durch ständige Veränderung von organisatorischen Strukturen und Abläufen ihre eigenen Funktionen und Aufgaben in Frage zu stellen. Wenn sie dies dennoch tun, dann meist nicht aus eigenem Antrieb, sondern weil die Umstände es eben erfordern. Ihr Beruf verlangt von ihnen ein Verhalten, das ihnen nicht in die Wiege gelegt worden ist, sondern das sie erst mühsam erlernen müssen. Schumpeter hat dieses Verhalten, das er zurecht als den eigentlichen Kern des Unternehmertums betrachtete, folgendermaßen beschrieben:

Der Unternehmer oder Manager fällt erstens „die von einer unübersehbaren Anzahl unterschiedlicher Momente, von denen manche überhaupt nicht genau gewertet werden können, abhängige richtige Entscheidung, ohne diese Momente erschöpfend zu untersuchen, was nur wenigen Leuten von ganz bestimmter Anlage möglich ist, und zweitens setzt er sie dann durch. Das sind die Charakteristiken unseres Unternehmers, unsres Mannes der Tat. Sie sind untrennbar und gleich wichtig. Und das Resultat ist wirtschaftliche Entwicklung, Fortschritt." (Schumpeter 1912, S. 177)

Widerstände gegen Innovation

„Schöpferische Zerstörung" ist also kein freiwilliger, sondern ein im marktwirtschaftlichen Geschehen verankerter, erzwungener Akt, für den es im übrigen keine historischen Vorläufer gibt. Alle vorkapitalistischen Gesellschaften stellten die Stabilität (die Tradition) über den Wandel (die Innovation). Erst der Kapitalismus hat dies umgedreht und gleichsam das Primat des Wandels und der Innovation erfunden. Dies verleiht ihm seine ungeheure, historisch bislang einmalige wirtschaftliche Dynamik und Überlegenheit gegenüber allen nichtkapitalistischen Wirtschaftssystemen. Nicht nur traditionelle Agrarwirtschaften, sondern auch die Planwirtschaften des zwanzigsten Jahrhunderts haben keine wirtschaftliche Dynamik ähnlichen Ausmaßes entwickelt und sind deswegen von der kapitalistischen Wirtschaftsform verdrängt worden.

Einer der Preise, der für die immense wirtschaftliche Dynamik zu zahlen ist, besteht unter anderem darin, dass die Unternehmen ihre Führungskräfte und Mitarbeiter immer wieder dazu bewegen müssen, sich all jenen Anstrengungen zu unterziehen, die nicht nur mit der Entwicklung und Umsetzung technischer, sondern auch organisatorischer Innovationen verbunden sind. Organisatorische Veränderungen sind nämlich keine Selbstläufer, sondern müssen gegen unterschiedliche Widerstände vorangetrieben werden. Das erfordert einen starken Willen, Kraft und Ausdauer.

Jürgen Hauschildt betont daher zurecht, dass Widerstand ein Wesensmerkmal von Innovation ist. „Innovationen sind im Zweifel nicht willkommen. Zwar werden alle Beteiligten und Betroffenen in einem Unternehmen ihre Bereitschaft zur Innovation bekunden, diese Äußerung ist aber oft nur ein Lippenbekenntnis. Denn Innovationen bedeuten eine erhebliche Veränderung der bisherigen Arbeitsweise, die von vielen als Störung, ja als Ärgernis, wenn nicht gar als Umbruch und sinnlose Turbulenz empfunden werden. Innovation muss daher mit Widerständen rechnen." (Hauschildt 1997, S. 128)

Widerstände gegen Innovationen werden aus diesem Grunde gerne als etwas Negatives betrachtet. Der technische oder, in unserem Falle, organisatorische Fortschritt werde durch sie verzögert oder gar verhindert. Es wird daher inner- und außerhalb der Unternehmen nach Mitteln und Wegen gesucht, Widerstände gegen Innovationen

nach Möglichkeit gar nicht aufkommen zu lassen. Dabei wird freilich übersehen, dass Widerstände gegen organisatorische Innovationen im Innovationsprozess auch eine äußerst nützliche Funktion erfüllen. Da die Wirkungen von Innovationen nicht voll berechenbar
sind, schützen sie die Unternehmen vor falschen oder überzogenen
Veränderungen und tragen insofern unter Umständen nicht minder
zu ihrem Überleben bei wie die Innovationen selbst. Würden sich
nämlich gegen organisatorische Veränderungen in einem Unternehmen keine Widerstandskräfte regen, hätte es keinerlei Schutz vor ge-
fährlichen Reorganisationsbazillen, die Unternehmen manchmal
schnell und unvorbereitet befallen und deren Wettbewerbsfähigkeit
verschlechtern.

Mit anderen Worten: mit den Schwierigkeiten, organisatorische
Innovationen anzustoßen und umzusetzen, und den Widerständen,
die ihnen von verschiedenster Seite entgegengebracht werden, müssen die Unternehmen wohl leben. Sie sind nicht nur notwendiger,
sondern unverzichtbarer Bestandteil des Prozesses schöpferischer
Zerstörung. Gäbe es keine Widerstände gegen Innovationen, müssten sie erfunden werden. Erfolgreiches Innovationsmanagement
muss insofern als eine Aufgabe begriffen und betrieben werden, die
gegen das spontane Bestreben von Organisationen und Menschen
gerichtet ist, sich in stabilen Ordnungen einzurichten. Sie muss insbesondere vom Topmanagement wahrgenommen werden und
gleicht jener Art von Leistung, die ein Fisch erbringt, der stromauf-
wärts schwimmt und sich, um wieder Kräfte zu sammeln, immer
wieder abtreiben lässt.

Nur tote Fische schwimmen bekanntlich mit dem Strom. Unternehmen, die nicht die Kraft aufbringen, sich gegen ihre organisatorischen Gewohnheiten in Bewegung zu setzen, sind daher in besonderer Weise in Gefahr, ihre Wettbewerbsfähigkeit zu verlieren.
Vielfach setzen sich die Unternehmen zwar gegen den Strom in
Bewegung, geben aber nach einer gewissen Zeit auf und fallen
wieder in ihre alten Gewohnheiten zurück. Genau dies gilt es heute
mehr denn je zu vermeiden. Gefordert ist die Fähigkeit des
Managements, in Gang gesetzte Veränderungen zu stabilisieren und
systematisch weiterzuentwickeln. Hans-Jürgen Warnecke und Hans-
Jörg Bullinger sprechen daher zurecht vom „Kunststück Innovation"
(Warnecke/Bullinger 2003), das Unternehmen vollziehen müssen.

Dies schließt den Rückfall in schon überwunden geglaubte Organisationsansätze nicht aus. Derlei Rückfälle dürfen jedoch nicht zu Rückschritten führen, welche die Wettbewerbsfähigkeit der Unternehmen mindern.

Beschleunigung von Innovationsprozessen

Hinzu kommt aber noch etwas Weiteres. Organisatorische Strukturen und Abläufe sind Werkzeuge, mit deren Hilfe Unternehmen ihre wirtschaftlichen Ziele verfolgen. Wie andere Werkzeuge werden auch Organisationsstrukturen stumpf und müssen daher nachgeschliffen oder manchmal auch ausgewechselt werden, um den Abläufen wieder funktionale Schärfe zu verleihen. Ideal wäre natürlich das nicht stumpf werdende Werkzeug. Dieses Werkzeug kann es auf dem Feld der Organisation jedoch nicht geben. Die Unternehmen sind vielmehr – ob sie wollen oder nicht – dazu gezwungen, ihre organisatorischen Werkzeuge immer wieder nachzuschleifen oder durch bessere zu ersetzen. Genau davor scheuen sich indes viele Unternehmen. Sie schenken der funktionalen Schärfe ihrer organisatorischen Strukturen und Abläufe zu wenig Aufmerksamkeit und lassen es so zu, dass erhebliche Produktivitätspotenziale ungenutzt bleiben. Warum?

Der Prozess des Nachschleifens oder auch des Werkzeugwechsels ist für die Unternehmen auf dem Feld der Organisation ebenso wenig ein wertschöpfender Vorgang wie beispielsweise die Umrüstung einer Maschine oder die Änderung eines Software-Programms. Umsatz, Cashflow und Gewinn werden nicht dadurch erwirtschaftet, dass Manager Organisationskonzepte entwickeln, Workshops durchführen und ihre Mitarbeiter zu Qualifizierungsveranstaltungen schicken. Derlei Maßnahmen stören vielmehr den Prozess der Wertschöpfung, der darin besteht, dass jeden Tag möglichst viele Produkte hergestellt und verkauft oder Dienstleistungen erbracht werden. Organisatorische Innovationen stehen in ihrer unmittelbaren praktischen Wirkung gegen die Gesetze des alltäglichen unternehmerischen Gelderwerbs, sofern sie nicht, wie zum Beispiel in Beratungsfirmen, selbst Gegenstand von Geschäftsaktivitäten sind. Viele Unternehmer und Manager betrachten sie daher, keineswegs zu Unrecht, als Verschwendung und neigen dazu, sie nach Möglichkeit zu unterlassen.

Da Unternehmen auf Gedeih und Verderb auf möglichst effiziente Organisationsstrukturen und -abläufe angewiesen sind, ist ein Verzicht auf organisatorische Innovation inzwischen jedoch weniger denn je möglich. Sie müssen daher die Erneuerung der Organisation betreiben, auch wenn dies zunächst nur Zeit und Geld kostet und nur mittelbar wirtschaftlichen Nutzen stiftet. Die Ressource Zeit ist gerade bei organisatorischen Innovationen die kritische Größe schlechthin. Organisatorische Veränderungen stehlen den Unternehmen Zeit, die sie für ihre Wertschöpfung benötigen. Trotzdem müssen sie diese immer häufiger durchführen. Zunehmend wichtiger wird es für die Unternehmen daher, dass sie sich systematisch mit der Verbesserung und zeitlichen Beschleunigung ihrer organisatorischen Innovationsprozesse beschäftigen. Nur so können sie ausreichend Zeit für ihren eigentlichen Zweck, die operative Wertschöpfung, gewinnen. Nicht nur die Prozesse der unmittelbaren Wertschöpfung, sondern auch die Innovationsprozesse müssen deswegen optimiert werden.

Auch für organisatorische Innovationsprozesse gilt aus diesem Grunde mehr denn je: die Schnellen schlagen die Langsamen. Dass der Beschleunigungsprozess auch hier, wie überall, zu Lasten der Qualität gehen kann, liegt auf der Hand. Effektivität und Effizienz stehen auch im Prozess schöpferischer Zerstörung in einem Spannungsverhältnis zueinander. Im Zweifelsfall muss daher auch hier die Regel gelten, dass Qualität vor Effizienz geht. Das kann aber nicht bedeuten, dass die Effektivität nur zu Lasten der Effizienz verbessert werden kann. Vielmehr geht es darum, Innovationsprozesse in beiden Dimensionen zu verbessern. Sie müssen nicht nur einen nachweisbar hohen Nutzen stiften, sondern dies auch möglichst schnell tun.

Gruppendynamik als Zeitfaktor

Die „Time to Market" für innovative Produkte wie neue Fahrzeuge, Computersoftware oder Informationstechnologien ist heute ein allseits anerkannter Maßstab, an dem die Innovationsfähigkeit von Unternehmen gemessen wird. Die „Time to Success" für organisatorische Innovationen wird hingegen nach wie vor als etwas betrachtet, das keinen messbaren Erfolgskriterien unterliege. Organisationsentwicklung benötige (viel) Zeit ist daher auch eine Vorstellung, die nicht nur in so gut wie jedem einschlägigen Lehrbuch zu finden ist, sondern auch die Denkweise vieler Praktiker prägt. Sie berufen sich dabei auf gemachte Erfahrungen mit organisatorischen Innovationen, so als ob die bloße Faktizität langer Zeitbedarfe bei bisherigen Innovationen ein Beweis dafür sei, dass organisatorische Innovationsprozesse immer lange dauern müssten.

Begründet wird dies in der Hauptsache mit dem Argument, der mit organisatorischen Veränderungen einhergehende Verhaltenswandel sei sehr zeitaufwändig. Dies wiederum sei vor allem darin begründet, dass ihm mehr oder weniger langwierige gruppendynamische Prozesse zugrunde lägen. Ihnen würde von den Unternehmen kein hinreichender zeitlicher Spielraum eingeräumt, so dass die von den Veränderungen betroffenen Menschen gar keine Zeit hätten, ihr Verhalten auf die neuen Gegebenheiten einzustellen. Dies führe zu den allseits bekannten Widerständen gegen organisatorische Veränderungen. Gäbe man den Betroffenen mehr Zeit, sich auf die neuen Situationen einzustellen, würden organisatorische Veränderungen sich reibungsloser vollziehen als es häufig der Fall ist.

Nach dem Motto „Gut Ding will Weile haben" (Doppler et al. 2002, S. 66 ff.) wird den Unternehmen insbesondere von Vertretern der psychologisch basierten Organisationsentwicklung daher empfohlen, mehr Zeit für die systematische Beschäftigung mit gruppendynamischen Prozessen zu verwenden. Dies fördere den Erfolg und damit die Qualität der jeweiligen Vorhaben. Neben den Sachproblemen müssten in Besprechungen, Workshops und Trainings vor allem auch (persönliche) Beziehungsprobleme thematisiert und gelöst werden. Die betroffenen Führungskräfte und Mitarbeiter dürften gerade nicht unter den üblichen Zeitdruck gesetzt werden, wenn es darum geht, organisatorische Veränderungen wirksam voranzubringen.

Dieser Sicht der Dinge ist gewiss insofern zuzustimmen, als nicht zu bestreiten ist, dass gruppendynamische Prozesse auf den Erfolg oder Misserfolg organisatorischer Veränderungen einen Einfluss haben. Gleichzeitig ist jedoch zu beobachten, dass entsprechende Aktivitäten vom Management meist dann durchgeführt werden, wenn ihm auf der Sachebene nicht mehr viel einfällt. Die Behandlung gruppendynamischer Probleme wirkt dann als Ersatz für die Lösung von Sachproblemen. In aller Regel führt dies jedoch nicht wirklich weiter, sondern kaschiert nur die Unfähigkeit, Sachprobleme zu lösen.

Sach- und Beziehungsebene

Nicht nur die Führungskräfte, sondern auch die Mitarbeiter reagieren angesichts dieser Sachlage nicht selten mit deutlicher Zurückhaltung, wenn sie ihre ohnehin knappe Zeit der Behandlung von gruppendynamischen Problemen opfern sollen, während ungelöste Sachprobleme, die sie in ihrer täglichen Arbeit behindern, liegen bleiben. „Wir sind zum Arbeiten und nicht zum Reden da", ist daher eine keineswegs selten zu hörende Kritik der Betroffenen, wenn diese zum wiederholten Male mittels eines gruppendynamischen Teamtrainings zu Beteiligten gemacht werden sollen. Sie sehen sich als Objekte von Maßnahmen, die mit ihrer arbeitsvertraglichen Verpflichtung, in einem kooperativen Arbeitszusammenhang eine bestimmte Sachleistung zu erbringen, eigentlich nichts zu tun haben.

Entgegen der Lehre der Organisationsentwicklung begreifen die meisten Führungskräfte und Mitarbeiter die betrieblichen Zusammenhänge im wesentlichen als durch Sachfragen definierte Arbeitsbeziehungen. Sie teilen nicht das Bild, das Unternehmen als Eisberge darstellt, bei denen das Wichtigste, die Welt der Beziehungen und Emotionen, unterhalb der Wasseroberfläche verborgen sei, während nur das weniger Wichtige, die Sachfragen, oberhalb der Wasseroberfläche sichtbar seien. Für sie liegen in den Unternehmen zu viele Sachprobleme wie Leichen im Keller, als dass sie dem sehr eingängigen Eisbergmodell, das zwischen der Sach- und Beziehungsebene analytisch trennt, so ohne weiteres zuzustimmen vermögen.

Charakteristisch ist für Unternehmen nämlich gerade, dass Sach- und Beziehungsfragen nicht getrennt voneinander ihre Wirkung entfalten, sondern auf das Engste miteinander verwoben sind. Die sozialen Beziehungen in einem Unternehmen werden zunächst allein durch sachliche Zusammenhänge gestiftet. Die Menschen arbeiten zusammen, um bestimmte Sachzwecke zu erfüllen, nicht weil sie sich persönlich mögen oder abstoßen. Nur wenn die Sachzwecke –

beispielsweise die gewinnbringende Herstellung eines Medikaments oder der gewinnbringende Verkauf von Versicherungen – erfüllt werden, treten auch die daran beteiligten Menschen in eine dauerhafte (Arbeits-)Beziehung zueinander. Arbeitsbeziehungen sind in Wirtschaftsunternehmen immer durch Sachzwecke bestimmte Sozialbeziehungen. In Arbeitszusammenhängen können sich zwischen den Menschen auch andere, von den jeweiligen Sachzwecken unabhängige Beziehungen entwickeln, welche die Sachbeziehungen gleichsam verschleiern. Dies ändert freilich nichts daran, dass Arbeitsbeziehungen in erster Linie durch Sachthemen bestimmt sind.

Daher ist es auch keineswegs ein Defizit von Unternehmen, wenn in ihnen in der Hauptsache Sachfragen behandelt werden. Dies liegt vielmehr in der Natur von Arbeitsbeziehungen als zweckrationalen Sozialbeziehungen begründet. Jeder Ansatz, in Unternehmen unter Außerachtlassung der Sachebene reine Beziehungsprobleme zu thematisieren, erweckt daher notwendigerweise den Eindruck, dass aus einem Unternehmen eine Einrichtung für Gruppendynamik gemacht werden soll, in der es nicht mehr um die jeweiligen Sachzwecke, sondern um persönliche Beziehungen geht. Dies widerspricht dem Wesen von Unternehmen und löst dort bei den meisten Betroffenen in aller Regel ein spürbares Befremden aus. Die Menschen wehren sich intuitiv gegen den Versuch, sie in ihren alltäglichen Arbeitszusammenhängen zu Objekten psychosozialer Maßnahmen zu machen, denen sie sich außerhalb ihres beruflichen Lebens nur freiwillig oder nach ärztlicher Anweisung unterziehen.

Nicht zufällig erzählt man sich in den Unternehmen gerne den bekannten Witz, dass ein Organisationsentwickler, der von einem sich in Eile befindenden Manager im Vorbeigehen nach der Uhrzeit gefragt wird, antwortet: „Ich weiß sie nicht, finde es aber gut, dass wir darüber gesprochen haben." Kommunikation ist in Unternehmen unverzichtbar, sie wird aber zur Verschwendung, wenn sie den Bezug zu den drängenden Sachthemen verliert. Das heißt nicht, dass in Unternehmen jenseits der Sachthemen nicht kommuniziert wird und auch kommuniziert werden sollte; es heißt aber, dass vor allem dann, wenn es um organisatorische Veränderungen geht, die ohnehin knappe Zeit so genutzt wird, dass die drängendsten Sachprobleme besprochen werden. Mit ihrer Lösung verbessern sich dann meist auch die Arbeitsbeziehungen, sofern es gelingt, die Menschen zu einem sachgerechten Verhalten zu bewegen.

Partizipation als Mittel

In der Konzentration auf Sachfragen liegt daher in den Unternehmen ein wesentlicher Faktor für den Erfolg organisatorischer Veränderungen. Sie kranken insofern keineswegs daran, dass in ihnen zu viel über Sachthemen und zu wenig über Beziehungsfragen kommuniziert wird. Insbesondere die Mitarbeiter sind von Sachentscheidungen normalerweise weitgehend ausgeschlossen, obwohl gerade sie ihre tägliche Arbeit am stärksten beeinflussen. Jeder organisatorischen Veränderung liegen Sachentscheidungen zu Grunde, die die Arbeitsbeziehungen der Mitarbeiter unter Umständen gravierend verändern. Wenn sie an den entsprechenden Entscheidungen nicht beteiligt werden und ihnen die neuen Sachziele möglicherweise noch nicht einmal erläutert werden, ist es nicht weiter verwunderlich, wenn sie sich gegen die geplanten Veränderungen auf die eine oder andere Weise wehren.

Eine Entscheidung wird von denjenigen, die nach ihr handeln müssen, noch nicht deswegen mitgetragen, weil sie sachlogisch richtig ist. Die Betroffenen wollen auch immer sicher sein, dass für sie relevante Gesichtspunkte in den Entscheidungsprozeß miteingeflossen sind. Deswegen werden in den meisten Unternehmen gerade die von organisatorischen Veränderungsprozessen Betroffenen verstärkt in Entscheidungsprozesse eingebunden. Partizipation kostet aber Zeit, die immer weniger zur Verfügung steht. Außerdem steigert die Berücksichtigung vieler verschiedener Gesichtspunkte und Interessen keineswegs notwendigerweise die Qualität einer Entscheidung. Entscheidungen können eine breite Unterstützung finden, weil sie niemandem weh tun, obwohl sie in der Sache nicht weiterbringen und vielleicht sogar falsch sind. So manche organisatorische Veränderung ist nicht zuletzt daran gescheitert, dass sie auf eine breite Zustimmung stieß, dem Unternehmen aber nichts brachte.

Das heute weithin gerade in organisatorischen Veränderungsprozessen akzeptierte Rezept, Betroffene zu Beteiligten zu machen, wirft daher zum einen die Frage auf, woher die Zeit genommen werden soll, die Partizipation immer benötigt; zum anderen stellt sich die Frage nach der Qualität der partizipativ getroffenen Entscheidungen. Wir stehen damit erneut vor dem Problem der Geschwindigkeit und Qualität organisatorischer Veränderungsprozesse, die nicht zuletzt davon abhängen, wie effektiv und effizient in ihnen Partizipation betrieben wird. Dem Ruf nach mehr Beteiligung wird in den meisten Unternehmen zwar niemand offen widersprechen; kein Unternehmen wird (und sollte) ihm jedoch auch praktisch folgen, wenn es nicht zugleich über Methoden verfügt, Partizipation wirksam und effizient zu gestalten. Denn Partizipation ist in organisatorischen Innovationsprozessen kein Selbstzweck, sondern ein Mittel, um sie besser voranzubringen.

1.2 Besonderheiten organisatorischer Veränderungen

Technische und organisatorische Innovationen

Organisatorische Innovationen unterscheiden sich in ihren Zielen und Wirkungen zunächst nicht von technischen Innovationen. Beide Formen der Innovation

- ersetzen alte durch neue (Arbeits-)Verfahren
- destabilisieren bestehende Verfahren und Abläufe und
- sollen zu höherer Qualität und Effizienz in den Arbeitsabläufen führen.

So gesehen, macht es keinen Unterschied, ob ein Unternehmen sich zum Beispiel entscheidet, die Automatisierung der Fertigung voranzutreiben oder dort ein neues Logistikkonzept einzuführen. Bei genauerer Betrachtung zeigt sich allerdings, dass zwischen (produktions-) technischen und organisatorischen Innovationen dennoch einige wichtige Unterschiede bestehen.

Diese Unterschiede bewirken, dass bei organisatorischen Umstellungen ein schleppender Verlauf oder gar ein Scheitern viel häufiger in Kauf genommen wird als bei technischen. Das unmittelbare wirtschaftliche Risiko ist bei technischen Veränderungen normalerweise weit größer als bei organisatorischen. Scheitert die Einführung einer Roboterstraße oder eines neuen IT-Systems, ist nicht nur viel Geld verloren, sondern möglicherweise auch nicht mehr sichergestellt, dass das Unternehmen seine geplanten Tagesstückzahlen erzeugen kann. Scheitert hingegen die Umstellung auf ein Pull-System, wird die Materialbelieferung eben weiterhin nach dem Push-Prinzip organisiert. Damit sind zwar auch Kosten verbunden, aber nicht unmittelbar die operativen Tagesziele gefährdet. Deswegen werden technische Veränderungen in der Regel konsequenter betrieben als organisatorische.

Produktionstechnische Innovationen	Organisatorische Innovationen
Alte Verfahren und Methoden verschwinden von heute auf morgen	Alte Verfahren und Methoden können beibehalten werden
Kapitalkosten zwingen zu erfolgreicher Implementierung	Kostenrisiko ist vergleichsweise gering
Bei Scheitern bricht alles zusammen	Bei Scheitern kann man wie bisher weitermachen
Menschen müssen sich neuen Techniken anpassen oder werden ausgetauscht	Zwänge für Verhaltensänderungen sind kaum gegeben

Abb. 1.1. Unterschiede zwischen produktionstechnischen und organisatorischen Innovationen

Da in vielen Unternehmen die Wettbewerbsfähigkeit jedoch mehr und mehr mittels organisatorischer Innovationen angegangen wird, sehen sich die verantwortlichen Manager zusehends damit konfrontiert, dass der wirtschaftliche Erfolg ihres Unternehmens vom Erfolg der Umsetzung organisatorischer Innovationen abhängt. Das gilt insbesondere für solche Unternehmen, deren Abläufe kaum oder auch gar nicht zu automatisieren sind. Sie sind darauf verwiesen, vor allem mittels organisatorischer Maßnahmen ihre Produktivität zu verbessern. Doch selbst in den klassischen Automatisierungsbranchen, wie zum Beispiel der Automobil- oder der Elektroindustrie, hat sich in den letzten Jahren die Erkenntnis durchgesetzt, dass sich mit Hilfe organisatorischer Maßnahmen Produktivitätsfortschritte häufig besser und vor allem kostengünstiger realisieren lassen als mit einer kapitalintensiven Durchtechnisierung.

Das setzt allerdings voraus, dass die in Gang gesetzten organisatorischen Veränderungen auch wirklich umgesetzt werden. Die bei vielen Managern anzutreffende Gleichgültigkeit gegenüber dem Erfolg oder Misserfolg organisatorischer Veränderungen weicht daher inzwischen einer stärkeren Aufmerksamkeit für deren Erfolgsfaktoren. Darüber hinaus stellen sie fest, dass der Anteil an Zeit, den sie für die Planung und Umsetzung organisatorischer Veränderungen aufzuwenden haben, einen immer größeren Teil ihres gesamten Zeitbudgets ausmacht. Dies wirft die Frage auf, wie effektiv und effizient sie die Zeit nutzen, die sie mit der Umsetzung organisatorischer Innovationen verbrauchen.

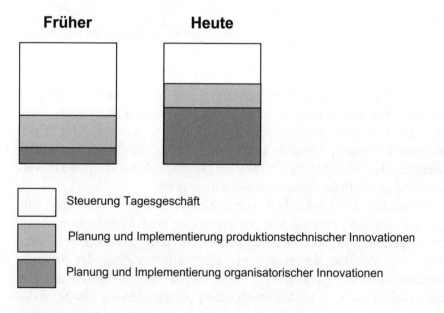

Abb. 1.2. Verschiebung in der Aufgabenstruktur von Managern

Verschwendung von Managementressourcen

Die Entwicklung und Umsetzung organisatorischer Innovationen ist ein Prozess mit vielen Störgrößen. An erster Stelle zu nennen sind:

- Unerwartete Aufträge erhöhen den Zeitbedarf im Tagesgeschäft
- Zusätzliche Projekte müssen realisiert werden
- Tangierende Bereiche stellen sich quer
- Die neue Geschäftsführung setzt neue Prioritäten
- Der Betriebsrat spielt nicht mehr mit
- Der Projektleiter wechselt auf eine andere Stelle

All diese Störgrößen bewirken, dass es insbesondere im Umsetzungsprozess immer wieder zu Verzögerungen und zu Stillständen kommt.

UMSETZUNGESPROZESS

Abb. 1.3. Unterbrechungen im Umsetzungsprozess

Das Fatale an diesen Verzögerungen und Stillständen ist, dass sie für die Unternehmen zunächst insofern von Vorteil sind, als Kosten, die mit Umsetzungsaktivitäten (Projektbesprechungen, Qualifizierungsmaßnahmen, Umstellungen, etc.) verbunden sind, vermieden werden. Der operative Wertschöpfungsprozess kann fortgesetzt werden und zusätzliche Ausgaben werden gespart.

Unter der Hand entstehen jedoch Kosten, die sich in erster Linie aus der Verschwendung von Management- und Mitarbeiterressourcen ergeben. Sie werden verausgabt, ohne dass sie die gewünschte Wirkung erzielen. Vieles spricht dafür, dass im Zuge der Inflation organisatorischer Innovationsansätze in den letzten Jahren auf diesem Gebiet weit mehr Verschwendung entstanden ist als bei jeder technischen Umstellung. Insofern können wir davon ausgehen, dass

Management- und Mitarbeiterressourcen heute vor allem in organisatorischen Innovationsprozessen vergeudet werden. Die Quellen dieser Art von Verschwendung sind allseits bekannt und vielfach beschrieben:

- Keine klaren Zielsetzungen
- Diffuse Verantwortlichkeiten
- Zu viele Projekte gleichzeitig
- Zu viele Detailmaßnahmen
- Kein Austausch von Informationen
- Keine konsequente Zielverfolgung
- Zu viele Projektsitzungen ohne Ergebnisse

Sie alle verweisen mehr oder weniger auf ein mangelhaftes Projektmanagement, das durch geeignete Maßnahmen verbessert werden kann. Zahlreiche Unternehmen haben durch die Anwendung solcher Maßnahmen ihre Umsetzungsprozesse in den letzten Jahren deutlich optimiert. Vielen von ihnen ist es aber dennoch nicht gelungen, ihre geplanten organisatorischen Veränderungen erfolgreich umzusetzen.

Dies führt zu einem Sachverhalt, der über die bloß formalen Gesichtspunkte eines professionellen Projektmanagements hinausgeht. Es reicht offenkundig nicht aus, sich an die Standards von Projektmanagement zu halten, wie sie inzwischen in zahlreichen Lehr- und Handbüchern beschrieben sind. Hinzu kommt eine Handlungsdimension, die jedermann zwar kennt, die aber gleichwohl äußerst unterbelichtet ist. Hierbei handelt es sich um die unterschiedlichen Interessen, die mit jedem organisatorischen Veränderungsprozess verbunden sind. Sie beeinflussen in höchstem Maße Erfolg oder Misserfolg jeder organisatorischen Innovation, die immer die Frage aufwirft, wer durch sie gewinnt und wer durch sie verliert.

Gewinner-Verlierer-Spiele

Besonders erfolgversprechend sind deswegen natürlich organisatorische Veränderungen, bei denen alle gewinnen. Das ist aber die Ausnahme und nicht die Regel. Win-Win-Situationen entstehen normalerweise nur dann, wenn die organisatorischen Veränderungen nicht aus einer spezifischen Not heraus geboren und insbesondere die finanziellen Verteilungsspielräume groß sind. Wenn der Veränderungsdruck in einem Unternehmen aber nicht sehr stark ist und die wirtschaftlichen Ergebnisse zufriedenstellend sind, kommt es nur selten zu organisatorischen Veränderungen. Sie werden in aller Regel dadurch in Gang gesetzt, dass der wirtschaftliche Erfolg nachgelassen hat oder neue Herausforderungen entstanden sind, die dazu zwingen, knapper gewordene organisatorische Ressourcen neu zu strukturieren und zu verteilen.

Dabei können nicht alle gewinnen. Vielmehr beginnt mit jeder organisatorischen Veränderung ein interessengeleitetes Gewinner-Verlierer-Spiel, dessen Ausgang meist offen ist. Organisatorische Veränderungen erhöhen daher die Unsicherheit in Unternehmen und führen bei allen Beteiligten zu einer entsprechenden Vorsicht im alltäglichen Verhalten. Jeder will sichergehen, dass er am Ende nicht zu den Verlierern, sondern zu den Gewinnern des Veränderungsprozesses gehört. In den Unternehmen breitet sich auf diese Weise eine erhöhte Wachsamkeit aller Beteiligten aus, die gegenseitig beobachten, wer in welcher Weise im Veränderungsprozess aktiv wird. Aktion und Reaktion entwickeln so eine eigenständige Dynamik, die nur begrenzt im voraus zu kalkulieren ist. Organisatorische Veränderungen verlaufen daher nur selten nach Plan, sondern nehmen häufig überraschende Wendungen, mit denen zu Beginn niemand gerechnet hat.

Nicht zuletzt dies ist einer der Hauptgründe dafür, dass organisatorische Veränderungsprozesse nur schleppend vorankommen, versanden oder auch gänzlich scheitern. Er ist nicht aus der Welt zu schaffen, da mit organisatorischen Veränderungen notwendigerweise in das betriebliche Interessengefüge eingegriffen wird. Wir haben es bei organisatorischen Veränderungen daher immer mit politischen Prozessen zu tun, sofern unter Politik die Auseinandersetzung zwischen unterschiedlichen Interessen und Interessengruppen zu verstehen ist.

Unternehmen gelten gerade Managern häufig als gleichsam interessenfreie Räume, sieht man von den Beziehungen zwischen Management und Betriebsrat beziehungsweise Gewerkschaft einmal ab. Das entspricht aber in keiner Weise der Wirklichkeit, sondern ist eher Ausdruck des Wunsches, das betriebliche Geschehen möglichst zu entpolitisieren. Dieser Wunsch nährt sich seinerseits jedoch gerade aus dem Sachverhalt, dass im betrieblichen Alltag Interessen eine äußerst wichtige und wahrscheinlich unvermeidbare Rolle spielen. Sie verkomplizieren das betriebliche Geschehen und werden deswegen als störend empfunden. Gerade die Allgegenwart von Interessen und damit von Politik befördert in den Unternehmen den Wunsch, sich ihrer zu entledigen. Dabei weiß jedoch jeder Manager, dass jede Sachentscheidung zwangsläufig auch ihre interessenpolitische Seite hat, und sei es nur die, dass der Entscheider mit seiner Entscheidung die ihm zugewiesenen Befugnisse zum Ausdruck bringt.

Dies zu verdrängen ist wenig erfolgversprechend, insbesondere wenn mit organisatorischen Veränderungen möglicherweise mühsam geschaffene und allseits akzeptierte Interessengefüge in Bewegung kommen. Gerade in organisatorischen Veränderungsprozessen kommt es daher darauf an, sich der politischen Dimension des eigenen Handelns zu vergewissern und zu versuchen, die jeweilige Interessenlandschaft nicht nur zu überblicken, sondern auch neu zu gestalten. Nur so ist zu erwarten, dass Interessenunterschiede und Interessengegensätze nicht, wie es leider nur allzu häufig der Fall ist, zur Blockierung organisatorischer Innovationen führen. Der schiere wirtschaftliche Handlungsdruck reicht keineswegs aus, um organisatorische Veränderungen erfolgreich zu initiieren und voranzubringen. Er ist eine notwendige, aber keine hinreichende Bedingung für erfolgreiches Innovationsmanagement. Hinzukommen muss der Wille und die Fähigkeit, aktiv in bestehende Interessengefüge einzugreifen und diese zielgerichtet umzugestalten.

Insofern ist dem Rechtsphilosophen Carl Schmitt beizupflichten, der schon vor Jahrzehnten geschrieben hat: „Das Politische kann seine Kraft aus den verschiedensten Bereichen menschlichen Lebens ziehen, aus religiösen, ökonomischen, moralischen und anderen Gegensätzen; es bezeichnet kein eigenes Sachgebiet, sondern nur den Intensitätsgrad einer Assoziation oder Dissoziation von Menschen, deren Motive religiöser, nationaler (im ethischen oder kulturellen Sinne), wirtschaftlicher oder anderer Art sein können und zu verschiedenen Zeiten verschiedene Verbindungen und Trennungen bewirken." (Schmitt 2002, S. 38 f.). Auch die Welt der Wirtschaft (und selbst der Technik) ist daher eine politische Welt, in der alle Versuche der Neutralisierung und Entpolitisierung alleine dem Umstand geschuldet sind, dass – in den Worten Carl Schmitts – letztlich

„Freund-Feind-Beziehungen" das Geschehen bestimmen. Diese äußern sich nur im Ausnahmefall offen, stellen aber eine ständige Gefährdung des harmonischen Zusammenwirkens dar, das sich nicht von alleine einstellt, sondern eben organisiert werden muss.

1.3 Political Engineering als Kernaufgabe

Interessen- und Zielkonflikte

In der Organisation eines Unternehmens ist immer nicht nur geregelt, wie beispielsweise einzelne Fertigungsschritte aufeinanderfolgen, sondern auch festgelegt, wer welche Kompetenzen und damit welchen Einfluss hat. Der jeweilige Einfluss kommt vor allem durch die Zuordnung von Sachbefugnissen zum Ausdruck. Je weiter diese angelegt sind, desto größer die organisatorische Macht. Organisatorische Veränderungen, die in die Verteilung von Sachbefugnissen eingreifen, führen daher auch immer zur Veränderung von Macht- und Einflussstrukturen und damit zu entsprechenden Konflikten in den Unternehmen. Dies ist der wesentliche Grund dafür, dass sie so schwierig zu bewerkstelligen sind.

Verkompliziert wird das Ganze noch dadurch, dass Interessenkonflikte, bei denen es im Kern um die Neuverteilung von Aufgaben, Kompetenzen und Verantwortung geht, sich mit reinen, in der Sache begründeten Zielkonflikten vermengen. Bei ihnen handelt es sich um Konflikte, die sich zum Beispiel aus dem Umstand ergeben, dass eine hohe Ausbringung in einem Spannungsverhältnis zur Qualität steht, oder die Erfüllung jedes Kundenwunsches sich nicht mit einem ruhigen und stetig ausgelasteten Produktionsablauf verträgt.

Praxisbeispiel

In einem Großunternehmen, das in den letzten Jahren eine Vielzahl organisatorischer Veränderungen durchgeführt hat, sind in diesem Zusammenhang von einer Arbeitsgruppe, die sich aus Fach- und Führungskräften unterschiedlicher Bereiche zusammensetzte, auf verschiedenen Innovationsfeldern folgende Interessen- und Zielkonflikte beschrieben worden:

Innovationsfeld Centerorganisation

1. Kundenorientierung versus eigene Standards und Ansprüche.

In dem Unternehmen sind im Sinne der Stärkung interner Markt-und Wettbewerbskräfte sogenannte Produktleistungszentren und Dienstleistungszentren geschaffen worden. Die Dienstleister wurden dazu verpflichtet, ihre Leistungen an den Anforderungen ihrer internen Kunden auszurichten. Dies hat schon nach kurzer Zeit dazu geführt, dass die Produktleistungszentren den Dienstleistungszentren ihre Leistungen zu diktieren versuchten. Diese sahen sich dadurch zunehmend unter Druck gesetzt, ihre eigenen Qualitätsstandards für eine sachgerechte Aufgabenerfüllung aufzugeben und sich nur noch an den Standards ihrer internen Kunden zu orientieren. Dies war zum einen zwar durchaus beabsichtigt, sollten die Dienstleister sich doch stärker an den Erfordernissen ihrer Kunden orientieren; andererseits konnte jedoch nicht zugelassen werden, dass zum Beispiel vorbeugende Instandhaltungsmaßnahmen kaum mehr durchgeführt wurden.

2. Streben nach Autarkie versus Vermeidung redundanter Funktionen.

Um der Idee des „Unternehmens im Unternehmen" gerecht werden zu können, wurden insbesondere die Produktleistungszentren mit erweiterten Aufgaben und Kompetenzen ausgestattet. Diese wurden deswegen aus anderen, zentralisierten Bereichen, wie zum Beispiel Engineering und Controlling, abgezogen. Die Produktleistungszentren sollten dadurch in die Lage versetzt werden, ihre unternehmerische Verantwortung verstärkt wahrnehmen zu können. Darüber hinaus konnten auf diese Weise Zentralfunktionen verschlankt und Overheadkosten eingespart werden. Schon nach kurzer Zeit entstanden auf diese Weise in allen Produktleistungszentren Funktionen und Aufgaben, die bislang nur an einer Stelle wahrgenommen worden waren. Gleichzeitig entstand für dieselben Funktionen und Aufgaben eine Vielzahl unterschiedlicher Vorgehens- und Arbeitsweisen, die nicht nur zu einem beträchtlichen Mehraufwand, sondern auch zu einer unüberschaubaren Vielfalt unterschiedlicher Arbeitsmethoden führte. Das Unternehmen drohte im Chaos dieser Vielfalt schnell zu versinken.

Innovationsfeld Führungsebenen

1. Berufliche Entwicklungsbedarfe versus schwindende Entwicklungsmöglichkeiten.

Mit der Umstellung auf eine Centerorganisation ging in dem Unternehmen die Reduzierung von Führungsebenen einher. Damit konnten Entscheidungsbefugnisse auf den einzelnen Führungsebenen erweitert und Entscheidungsprozesse verkürzt werden. Die erweiterten Entscheidungsbefugnisse setzten allerdings voraus, dass die jeweiligen Stelleninhaber über ein hohes Qualifikationsniveau und ein entsprechendes berufliches Entwicklungspotenzial verfügten. Schon auf den unteren Führungsebenen kamen zunehmend Mitarbeiter zum Einsatz, die ein ausgesprochen starkes Interesse an einer beruflichen Weiterentwicklung hatten. Die Entwicklungsmöglichkeiten wurden allerdings durch die Verminderung der Führungsebenen deutlich eingeschränkt. Das Unternehmen verlor auf diese Weise ein wichtiges Motivationsinstrument gerade für seine hochqualifizierten Mitarbeiter und sah sich zunehmend mit der Frage konfrontiert, wie sinnvoll eine stark verschlankte Führungsorganisation in Hinblick auf Motivationsfragen ist.

2. Breiteres Aufgabenspektrum versus Notwendigkeit eindeutiger Zuordnung von Fach- und Führungsverantwortung.

So vorteilhaft die Erweiterung von Aufgaben und Entscheidungsbefugnissen für die einzelne Führungskraft war, so sehr stellte sich im Laufe der Zeit heraus, dass ein zu breites Aufgaben- und Verantwortungsspektrum insbesondere auf den unteren und mittleren Führungsebenen dazu führt, dass Führung nicht mehr richtig wahrgenommen werden kann. Insbesondere im operativen Bereich kommt es darauf an, dass Aufgaben, Kompetenzen und Verantwortung nicht zu breit angelegt, sondern klar definiert und personell eindeutig zugeordnet sind. So mancher Meister ist daher an der Vielfalt der ihm übertragenen Aufgaben und Verantwortlichkeiten mehr oder weniger gescheitert. Insbesondere die fachliche Führungsverantwortung wurde dadurch zum Teil erheblich in Mitleidenschaft gezogen.

Innovationsfeld Teamarbeit

1. Wirtschaftliche Ziele versus Mitarbeiterbeteiligung.
*In dem Unternehmen sind neben weitreichenden führungsorganisa-
torischen Veränderungen auch einige arbeitsorganisatorische Veränderungen durchgeführt worden. In ihrem Zentrum stand dabei die
Gruppen- bzw. Teamarbeit. Mit ihr wurde die Beteiligung der Mitarbeiter an arbeitsbezogenen Entscheidungen erweitert, um so das
Wissen und die Erfahrungen der Mitarbeiter für das Unternehmen
besser nutzen zu können. Die Führungskräfte konnten nicht mehr
nur Anweisungen geben, sondern mussten diese gegenüber ihren
Mitarbeitern, zum Beispiel in Teamgesprächen, sachlich begründen.
Der zeitliche Abstimmungsaufwand nahm für sie auf diese Weise
deutlich zu. Gleichzeitig wurden die Anforderungen an die wirtschaftlichen Zielsetzungen erhöht und die zeitlichen und personellen
Ressourcen schrittweise verknappt. Mitarbeiterbeteiligung benötigt
jedoch Zeit, die immer weniger zur Verfügung stand. Dies führte unter der Hand dazu, dass die den Mitarbeitern versprochene Beteiligung nicht wirklich stattfand. Viele Mitarbeiter sahen sich in einem
Versprechen seitens des Managements betrogen und zogen daraus
die Konsequenz, ihr Wissen hinsichtlich der Verbesserung der Arbeitsabläufe (wieder) vor allem im eigenen Interesse und kaum im
Interesse des Unternehmens einzusetzen.*

**2. Zielverpflichtung versus Gewährung von Handlungsspielräu-
men.**
*Mit der Teamarbeit wurden die Mitarbeiter stärker auf die wirt-
schaftlichen Ziele des Unternehmens verpflichtet. Ihnen wurde
transparent gemacht, vor welchen wirtschaftlichen Herausforderungen ihr Bereich und damit auch ihre Arbeitsplätze stehen und welche Ziele hinsichtlich Qualität und Effizienz zu erreichen sind, um
diesen Herausforderungen zu begegnen. Es sollte auf diese Weise
ein möglichst hohes Maß an Zielkonformität zwischen Führungskräften und Mitarbeitern erreicht werden. Gleichzeitig wurden die
Handlungs- und Entscheidungsspielräume der Mitarbeiter, zum Beispiel bei der Planung ihrer An- und Abwesenheit, erweitert. Dies
führte dazu, dass in den Teams Entscheidungen getroffen wurden,
die den Zielen der Führungskräfte mehr oder weniger widerspra-
chen. Diese griffen in diesen Fällen wieder zum Mittel der Anord-*

*nung, was die Entscheidungsbefugnisse der Teams erneut ein-
schränkte. Die Auseinandersetzungen zwischen Führungskräften
und Mitarbeitern nahmen auf diese Weise eher zu als ab.*

**3.   Optimierung von Arbeitsabläufen versus Arbeitsplatzsicher-
heit.**

*Die Teams wurden unter anderem auch darauf verpflichtet, zur Er-
reichung der wirtschaftlichen Ziele mit eigenen Ideen und Vorschlägen zur Optimierung ihrer Arbeitsabläufe beizutragen. Zugleich
wurde ihnen zugesagt, dass ihre Vorschläge zügig behandelt und
umgesetzt werden. Viele Teams entwickelten daraufhin ein beachtli-
ches Verbesserungsengagement und machten arbeits- und zeitspa-
rende Vorschläge. Als diese Vorschläge jedoch dazu führten, dass
einzelne Teams personell verkleinert wurden, änderte sich dies wieder. Kein Team war bereit, mit dazu beizutragen, die Arbeitsplätze
zu verringern. An der Optimierung der Abläufe wirkten sie nur so
lange mit, wie die dadurch gewonnene Zeit für die Bearbeitung zusätzlicher Aufträge genutzt werden konnte. Dies wiederum reichte
dem Unternehmen nicht, das darauf angewiesen war, dass nicht nur
bei steigendem, sondern auch bei sinkendem Auftragsvolumen Zeit
und Kosten gespart werden.*

Gestaltung neuer Interessenarrangements

Jeden Tag muss in jedem Unternehmen zwischen derlei unterschiedlichen Zielen und Interessen abgewogen werden. Laufend werden
Entscheidungen getroffen, welchen Zielen und Interessen der Vorrang zu geben ist. Das gilt insbesondere dann, wenn durch organisatorische Veränderungen in das betriebliche Ziel- und Interessengefüge eingegriffen wird. Die Entwicklung und Umsetzung organisatorischer Innovationen ist daher immer ein politischer Prozess,
bei dem es darum geht, gegebene Interessenarrangements in neue zu
überführen. Dies kann als ein Akt des Political Engineering bezeichnet werden, sofern er nicht spontan oder gar chaotisch, sondern gezielt und methodengestützt erfolgt.

Political Engineering ist schwierig, zeitaufwändig und nicht selten
nervenaufreibend. Es wird daher gerne Spezialisten übertragen, die
zum Beispiel für Unternehmenspolitik oder Personalpolitik zuständig sind. Meist handelt es sich hier um Stabsbereiche. Nur ihren

Aufgabenstellungen wird ein politischer Charakter zugebilligt, während das operative Management als eigentlich interessen- und damit politikfrei gilt. Die Stäbe haben gleichsam dafür zu sorgen, dass dies so ist und bleibt. Sie sollen dem operativen Management den Rücken von Interessenkonflikten freihalten, so dass die operativen Führungskräfte unbeeinflusst vom Kleinkrieg der Interessen ihrer Arbeit nachgehen können.

Das mag zwar gut gemeint sein, ist aber häufig wirkungslos, da zum Beispiel ein Produktionsleiter, der ein neues Arbeitszeitmodell einführen will, nicht umhin kommt, sich in dieser Frage direkt mit seinen Mitarbeitern und dem zuständigen Betriebsrat auseinander zu setzen. Darüber hinaus muss er sich mit seinen internen Kunden, das heißt den Abteilungen, die von seinen Lieferungen abhängen, abstimmen, um auf diese Weise zu gewährleisten, dass sein Arbeitszeitmodell mit demjenigen der vor- und nachgelagerten Bereiche synchron läuft. Der Spezialist der Personalabteilung kann ihn bei all dem zwar unterstützen; die Last der Entwicklung, vor allem aber der Umsetzung des neuen Konzepts kann er ihm jedoch nicht abnehmen.

Insbesondere kann und sollte unser Produktionsleiter nicht darauf verzichten, die Interessen seiner eigenen Abteilung ins Spiel zu bringen, die ihn überhaupt dazu bewogen haben, einen neuen Weg zu gehen. Das allein wird ihn jedoch nicht in die Lage versetzen, eine praktikable Lösung zu finden. Er wird vielmehr auch jene Interessen mit in Rechnung stellen müssen, die ebenfalls von der Veränderung tangiert sind, und so auf einen Interessenkompromiss zusteuern, der für alle akzeptabel ist.

Doch auch dies reicht noch nicht aus. Der gefundene Kompromiss sollte nämlich, um wirklich tragfähig zu sein, mehr als den kleinsten gemeinsamen Nenner der verschiedenen Partikularinteressen darstellen. Er muss ein neues Allgemeininteresse definieren, in dem die verschiedenen Partikularinteressen weitgehend aufgehen. Dieses Allgemeininteresse wird zur Richtschnur des gemeinsamen Handelns, der nun praktische Geltung zu verschaffen ist. Auch dies kann wiederum nur die einzelne Führungskraft für ihren Verantwortungsbereich leisten.

Der einzelne Manager kann sich also, selbst wenn er das wollte, nicht der politischen Aufgabe und Verantwortung entziehen, die sich aus seiner Führungsfunktion, gleichgültig auf welcher Ebene, ergibt.

Das gilt umso mehr, als er sich heute mehr denn je gezwungen sieht, laufend organisatorische Strukturen und Abläufe verändern, also organisatorische Innovation betreiben zu müssen, die es in höchstem Maße erforderlich macht, Partikularinteressen in Allgemeininteressen zu überführen. Erst dann entstehen jene Kräfte, die notwendig sind, um auch schwierige Veränderungen in Gang zu setzen und voranzubringen. Nur wenn das Ganze Vorrang vor dem Partikularen hat, brechen Handlungsblockaden auf.

Persönliche Interessen und Gesamtinteressen

Die Mehrzahl der Manager ist sich dieses Sachverhalts zwar bewusst, nur wenige stellen sich jedoch aktiv dieser schwierigen Herausforderung. Bei ihnen handelt es sich um politische Naturtalente, die auf allen Führungsebenen zu finden sind. Sie wissen, dass Führung mehr bedeutet als der richtige Umgang mit einzelnen Menschen, also Personalführung. Sie schließt immer mit ein, dass Einzel- wie auch Gruppeninteressen im Spiel sind, die miteinander in Konflikt stehen und deswegen gegenseitig austariert werden müssen.

Dabei geht es nicht, oder zumindest nicht in erster Linie, um jenes „Power Play", das Peter Noll und Hans Rudolf Bachmann (1999) in ihrem satirischen und gleichzeitig so realitätsnahen „Handbuch der Macht für den alltäglichen Gebrauch" beschrieben haben. Sie legen dort Mechanismen und Regeln eines Machtspiels offen, das vor allem einer Logik gehorcht: der Steigerung von Karrierechancen, das heißt der Akkumulation von persönlicher Macht und von Geld. Das System des Managements sei gerade nicht darauf angelegt, dass der einzelne Manager dem Ganzen, das heißt dem Unternehmen, dient, sondern dass er das Ganze seinen persönlichen Interessen unterordnet.

Die persönlichen Karriereinteressen spielen in Unternehmen, wie in allen sozialen Systemen, in denen es um Macht und Geld geht, gewiss eine weit bedeutendere Rolle, als die offiziellen Selbstbilder suggerieren, in denen von der Last der Verantwortung und Aufopferung für das Ganze die Rede ist. Jedes Machtsystem benötigt und erzeugt seine „grauen Mäuse", von denen Noll und Bachmann schreiben, ohne die es nicht funktionsfähig wäre. Und jedes Machtsystem kaschiert dies mit mehr oder weniger weihevollen Beteuerungen, dass nicht persönliche Vorteilsnahme, sondern der Dienst am Ganzen unter Hintanstellung aller persönlichen Interessen die Maxime allen Handelns bilde.

Dennoch funktionieren Unternehmen nicht allein nach der Regel der persönlichen Vorteilsmaximierung. Sie sind, wiederum wie jedes andere Machtsystem, vielmehr darauf angewiesen, dass jenseits aller persönlichen Interessen ein Gesamtinteresse verfolgt wird. Dieses Gesamtinteresse wirkt jedoch nicht für sich allein, sondern immer nur vermittelt über Personen – in unserem Fall Manager, die es zu definieren und durchzusetzen haben. Macht resultiert letztlich aus dem Vermögen, genau dies zu tun und damit zum Träger des Gesamtinteresses vor jedem Einzelinteresse zu werden.

Dass damit auch die Möglichkeit verbunden ist, diese Trägerschaft für die Realisierung persönlicher Interessen zu nutzen, darf nicht darüber hinwegtäuschen, dass durch die pure Verfolgung persönlicher Interessen niemand in die Lage versetzt wird, zum Träger des Gesamtinteresses zu werden. Gleichzeitig bedeutet diese Trägerschaft aber keineswegs, dass persönliche Interessen gänzlich dem Gesamtinteresse hintangestellt werden müssten. Diese romantisierende Sicht der Dinge trifft den Sachverhalt ebenso wenig wie die populistische Behauptung, dass nur persönliche Vorteilsnahme und sonst nichts zähle.

Gegeneinander und Miteinander von Interessen

Unternehmen sind also, wie jedes soziale System, auf die Definition und Durchsetzung von Gesamtinteressen und damit auf Macht angewiesen. Die hauptsächlichen Träger dieser Macht sind die Führungskräfte. Ihre Aufgabe besteht unter anderem darin, Gesamtinteressen zu organisieren und durchzusetzen, indem sie Macht ausüben. Die Organisation von Gesamtinteressen erfolgt jedoch nicht unabhängig von den Partikularinteressen, sondern nur vermittelt über die Austragung von unterschiedlichen, häufig sogar gegensätzlichen Interessen. Das Interessen-Gegeneinander ist insofern eine Voraussetzung des Interessen-Miteinanders und geht diesem gleichsam voraus.

Mit anderen Worten: ohne ein Gegeneinander von Interessen gibt es in Unternehmen kein Miteinander der Akteure. Die Kunst des

Managements besteht darin, das Gegeneinander so zu zivilisieren, dass nicht der nackte Kampf Aller gegen Alle das Geschehen beherrscht, sondern dass durch die Austragung unterschiedlicher Interessen ein Gesamtinteresse sich bildet und durchsetzt. Der betriebliche Alltag ist in Unternehmen daher auch mindestens so stark vom Gegeneinander wie vom Miteinander geprägt. Erstaunlich ist in diesem Zusammenhang häufig, dass trotz des Gegeneinanders beachtliche Ergebnisse erzielt werden. Dies ist nur dort nicht der Fall, wo es nicht gelingt, das Gegeneinander in geordnete Bahnen zu lenken.

Nicht am internen Gegeneinander, sondern an der Unfähigkeit, es in ein Miteinander zu überführen, scheitern daher viele organisatorische Veränderungsvorhaben. Die Unternehmen verlassen sich gerne darauf, dass sie über genügend Naturtalente für ein wirksames Interessenmanagement verfügen und richten nur wenig Anstrengung darauf, alle ihre Führungskräfte auf diesem so wichtigen Gebiet zu befähigen. Sie pflegen eine Vorstellung von Interessenharmonie, die Interessenkonflikte als politische Störgrößen in einem ansonsten interessen- und konfliktfreien Prozess betrachtet. Dies ist unter anderem darauf zurückzuführen, dass es nicht selten äußerst schwierig ist, im Gegeneinander der Partikularinteressen Schneisen für das Gesamtinteresse zu schneiden. Einfacher ist es da, Interessenkonflikte zu negieren und so zu tun, als seien sich von vornherein immer alle Beteiligten und Betroffenen einig. Wir haben es in diesem Fall dann aber nur mit mehr oder weniger faulen Interessenkompromissen, nicht aber mit der Definition eines Gesamtinteresses zu tun, das für alle Geltung besitzt.

In jedem Unternehmen wimmelt es von derlei Kompromissen, die das Miteinander bis zu einem gewissen Grade erleichtern. Weder wollen noch können die Führungskräfte sich der ständigen Tortur offener Interessenauseinandersetzungen unterwerfen. Das würde sie wie auch das Unternehmen als ganzes auf Dauer überfordern. Wenn es zum Beispiel jedoch darum geht, ein Unternehmen in organisatorischer Hinsicht neu auszurichten, kann auf die offene Austragung von Interessenkonflikten nicht verzichtet werden. In dieser Situation benötigt es die Neuformulierung eines Gesamtinteresses, das über die jeweiligen Partikularinteressen hinausgeht. Nur durch die Austragung von Interessenkonflikten werden Unternehmen daher in die

Lage versetzt, organisatorische Innovationen wirksam voranzutreiben.

Wir sehen also: das in Unternehmen sich alltäglich vollziehende Gegen- und Miteinander ist eine notwendige Begleiterscheinung des Umstands, dass Organisationen unterschiedliche Sachziele und Bereichsinteressen ausdifferenzieren müssen, um ihre Effektivität und Effizienz zu verbessern. Erst durch das Gegeneinander von Sachzielen und Bereichsinteressen kommt es überhaupt zum notwendigen Miteinander, hinter dem immer ein Gesamtinteresse zu stehen hat, das sich nicht automatisch ergibt, sondern hierarchisch hergestellt und verbindlich gemacht werden muss. Das hierarchiefreie Unternehmen, wie es seit einigen Jahren von verschiedenen Beratern und Organisationswissenschaftlern propagiert wird, würde schnell im notwendigen, aber nicht mehr beherrschbaren Kampf der Bereichsinteressen versinken.

Schon mit der Entwicklung, in jedem Fall aber mit der Umsetzung organisatorischer Innovationen wird in das komplizierte Interessengefüge von Unternehmen eingegriffen. Dies macht die Umsetzung organisatorischer Innovationen so schwierig und weckt bei nicht wenigen Managern die Abneigung gegen den durch und durch politischen Charakter ihrer Arbeit. Sie fühlen sich im allgemeinen Interessenkampf alleingelassen, empfinden das ganze Geschehen als höchst irrational, spielen das Spiel aber trotzdem mit und setzen darauf, irgendwie einen Weg durch das Interessenchaos zu finden, durch das jeder organisatorische Innovator hindurch muss.

Nicht wenige Unternehmen verirren sich auf diese Weise in ihren Innovationsprozessen und kommen nicht oder zumindest äußerst verspätet an ihrem Ziel an. Ihnen mangelt es an Regeln, die immer dann besonders dringend erforderlich werden, wenn jedermann Schwierigkeiten hat, in einem Geschehen überhaupt eine hinreichende Ordnung zu erkennen. Komplexe Verhältnisse gelten gemeinhin als weitgehend regelresistent. Flexibilität und nicht Regelhaftigkeit sei hier vonnöten. In besonderer Weise gelte dies für Ereignisse, in denen unterschiedliche Interessen eine zentrale Rolle spielen. Interessenauseinandersetzungen unterlägen keinen Regeln, ebenso wenig wie die Umsetzung organisatorischer Innovationen, da sie in hohem Maße von Interessenauseinandersetzungen geprägt ist.

Akteure der Veränderung

Das stimmt so aber nicht. Auch das Political Engineering von Veränderungsprozessen zeigt gewisse Regelmäßigkeiten, die es zu beachten gilt. Wie in allen von Interessen geprägten Prozessen hat man es beispielsweise auch bei der Umsetzung organisatorischer Innovationen grundsätzlich immer mit drei Gruppierungen zu tun:

- den Treibern der Veränderung
- den Bremsern der Veränderung und
- den Abwartenden bzw. Unentschiedenen

Die Treiber und Bremser bestehen, entsprechend einer typischen Kräfteverteilung, eher aus Minderheiten, während die Abwartenden in der Regel die Mehrheit stellen. Alle drei Gruppierungen können sich aus Führungskräften und Mitarbeitern unterschiedlichster Bereiche und Hierarchieebenen zusammensetzen. Diese Zusammensetzungen wechseln in Abhängigkeit von der jeweiligen Veränderung, welche die Interessen der verschiedenen Führungskräfte und Mitarbeiter jeweils spezifisch tangiert. Wer heute zu den Treibern zählt, wird sich bei einer anderen Veränderung möglicherweise den Bremsern oder den Abwartenden anschließen.

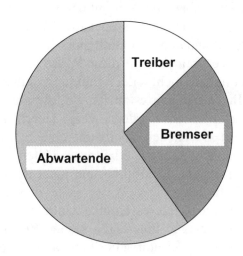

Abb. 1.4. Typische Kräfteverteilung

Nicht selten kommt es sogar vor, dass die einzelne Führungskraft oder der einzelne Mitarbeiter gleichzeitig in einer Sache als Treiber und in einer anderen Sache als Bremser agiert. Das Veränderungsgeschehen ist manchmal so komplex, dass die jeweiligen Konstellationen durcheinandergehen und sich überdies noch miteinander verschränken. Die Landschaft der organisatorischen Veränderungen gleicht dann einem Dschungel, durch den fast niemand mehr durchfindet.

Meist wagen sich kleine Minderheiten im Management, manchmal auch nur Einzelpersonen mit neuen Ansätzen nach vorne und sind entschlossen, sie auch umzusetzen. Ihnen widersetzen sich diejenigen Kräfte, die aus unterschiedlichen Gründen am Status Quo festhalten wollen. Zwischen diesen beiden Gruppierungen entfesselt sich dann eine Auseinandersetzung um die Frage, wer sich mit seinen Vorstellungen durchsetzen kann, während die abwartende Mehrheit dies mit größter Aufmerksamkeit verfolgt. Sie orientiert sich schlussendlich an denjenigen, die in der Auseinandersetzung die Oberhand gewinnen.

Dieser Prozess ist häufig ein ständiges Auf und Ab, weil nämlich keineswegs sichergestellt ist, dass die Gruppierung, die die Oberhand gewonnen hat, diese auch auf Dauer behält. Wer heute in der Frage der organisatorischen Weiterentwicklung eines Unternehmens die Führung übernimmt, kann sie morgen schon wieder verlieren. Organisatorische Innovationsprozesse sind insofern eine höchst fragile und volatile Angelegenheit. Ihr Erfolg in der Umsetzung hängt im wesentlichen davon ab, dass ihre Treiber dazu in der Lage sind, unternehmensinterne Konstellationen zu schaffen, die den Bremsern der Veränderung nicht erlauben, die Abwartenden auf ihre Seite zu ziehen.

1.4 Betriebsräte als Co-Manager

Wachsender Einfluss von Betriebsräten

Organisatorische Veränderungen betreffen in aller Regel auf die eine oder andere Weise die Mitarbeiter und deren Interessen. In den meisten Unternehmen gibt es in Gestalt der Betriebsräte ein Organ, das diese Interessen kollektiv zu vertreten hat. Betriebsräte nehmen daher einen erheblichen Einfluss auf organisatorische Veränderungsprozesse, der mit darüber entscheidet, ob diese erfolgreich sind oder nicht. Und in der Tat ist immer wieder zu beobachten, dass der Verlauf organisatorischer Veränderungen entscheidend vom Verhalten von Betriebsräten beeinflusst wird. Die zielgerichtete Zusammenarbeit zwischen Management und Betriebsrat ist daher ein wesentlicher Erfolgsfaktor im Veränderungsprozess und damit ein zentrales Gestaltungsfeld eines wirksamen Political Engineering.

Wir müssen in diesem Zusammenhang zwischen zwei Dingen unterscheiden. Die gesetzlich vorgeschriebene Mitbestimmung des Betriebsrates in organisationsrelevanten Aufgabenstellungen und den faktischen Einfluss des Betriebsrates auf das Denken und Handeln, insbesondere das Arbeits- und Leistungsverhalten der Mitarbeiter. Beide stehen in einer gewissen Wechselbeziehung zueinander, gehen aber nicht ineinander auf. So gibt es zum Beispiel Betriebsräte, die trotz beachtlicher Mitwirkungs- und Mitbestimmungsrechte auf das Arbeits- und Leistungsverhalten der Mitarbeiter einen nur geringen Einfluss haben; ihnen stehen Betriebsräte gegenüber, deren faktischer Einfluss auf das Arbeits- und Leistungsverhalten vor Ort weit größer ist, als es das Betriebsverfassungsgesetz vorsieht. Sie verfügen über einen ausgesprochen starken Rückhalt in ihrer Wählerschaft, deren Interessen sie nicht nur als Sprachrohr gegenüber dem Management vertreten, sondern deren Denken und Handeln sie auch erheblich beeinflussen und mitformen.

Nicht nur in den großen Unternehmen, sondern zunehmend auch in Klein- und Mittelbetrieben treffen wir heute mehr denn je auf Betriebsräte, deren faktischer Einfluss auf das betriebliche Geschehen ausgesprochen stark ist. Das schließt nicht zuletzt organisatorische Veränderungsprozesse mit ein. Sie berühren notgedrungen immer unmittelbar die Arbeitsprozesse und wirken so auf ein Handlungsfeld ein, das unabhängig von allen Direktionsbefugnissen des Managements in vielen Unternehmen als das Hoheitsgebiet des Betriebsrates betrachtet werden kann. Die Technik gehört dem Management, die Arbeit und Organisation dem Betriebrat; mit diesem stillschweigenden Kompromiss ist in vielen Unternehmen die faktische Machtverteilung im Betrieb geregelt. Er kommt vor allem darin zum Ausdruck, dass selbst in solchen organisatorischen Fragen, in denen der Betriebsrat über keine formalisierten Mitwirkungs- und Mitbestimmungsrechte verfügt, das Management sich häufig kaum in der Lage sieht, diese Fragen unabhängig von der Zustimmung des Betriebsrates zu entscheiden, geschweige denn unabhängig von der Mitwirkung des Betriebsrates umzusetzen.

Mitgestaltung durch Betriebsräte

Viele Manager beklagen diesen Zustand und verweisen regelmäßig auf den Einfluss des Betriebsrates, wenn wieder einmal die Frage gestellt wird, warum eine organisatorische Innovation nicht vorangekommen ist. Andere Manager sind in den letzten Jahren dazu übergangen, aus der Not eine Tugend zu machen und haben damit begonnen, ihre Betriebsräte von vornherein an organisatorischen Veränderungsprozessen als Co-Manager zu beteiligen. Sie binden sie nicht nur in die Entwicklung organisatorischer Innovationskonzepte mit ein, sondern beteiligen sie auch gezielt an deren Umsetzung. Dabei wird nicht mehr streng unterschieden, in welchen Fragen der Betriebsrat ein Mitbestimmungsrecht hat und in welchen nicht; gefordert werden die Betriebsräte vielmehr in ihrer fachlichen Kompetenz als Co-Manager, die mehr und mehr darüber entscheidet, wo sie mitwirken dürfen und wo nicht.

Als Co-Manager sind Betriebsräte zwar nach wie vor Interessenvertreter ihrer Wähler. Sie verstehen diese Rolle aber nicht ausschließlich im Sinne einer Schutzfunktion gegenüber dem Unternehmen, sondern greifen selbst aktiv in die Gestaltung organisatorischer Innovationsprozesse mit ein. Dabei haben sie, wie es das Betriebsverfassungsgesetz (§ 2) vorsieht, nicht nur das Wohl der Mitarbeiter, sondern auch dasjenige des Unternehmens vor Augen. Co-Manager suchen gleichsam nach den gemeinsamen Schnittmengen zwischen Unternehmens- und Mitarbeiterinteressen und versuchen, diese in eine angemessene organisatorische Form zu gießen. Sie tragen insofern zur Erfüllung einer unternehmerischen Kernfunktion bei, die darin besteht, wirtschaftliche Erfordernisse mit unterschiedlichen Interessenlagen in Einklang zu bringen.

Praxisbeispiel

Nachdem in einem Unternehmen des Maschinenbaus das Management ein neues Produktionssystem auf den Grundlagen von Lean Production beschrieben hatte, bildete es gemeinsam mit dem Betriebsrat eine Fachgruppe, die dieses System in all seinen Bestandteilen durchspricht, modifizierte und optimierte. Die Mitglieder des Betriebsrates achteten dabei zwar vor allem auf diejenigen Themen, die ihnen im Interesse ihrer Wähler besonders relevant erschienen, sie wirkten aber auch an Themenstellungen mit, die sich beispielsweise mit der Frage befassten, wie die Materialbestände vor Ort möglichst gering gehalten werden können.

Das so abgestimmte Produktionssystem wurde in einer Kick-off-Veranstaltung gemeinsam vom Produktionsvorstand und Vorsitzenden des Gesamtbetriebsrates den Führungskräften und Betriebsratsvorsitzenden der Werke vorgestellt. Dabei wurde deutlich gemacht, dass es sich um ein gemeinsam getragenes Konzept handelt, das auch gemeinsam umgesetzt werden sollte. Die Umsetzung startete mit Qualifizierungsmaßnahmen, in welche die Betriebsräte passiv als Teilnehmer wie aber auch aktiv als Referenten eingebunden waren. Dies unterstrich in besonderer Weise den inhaltlichen Konsens, der für das neue Produktionssystem gefunden worden war.

Für die Umsetzung wurden auf zentraler wie dezentraler Ebene Steuerkreise gebildet, in denen Führungskräfte und Betriebsräte vertreten waren. Auf der operativen Ebene wirkten Betriebsräte in Arbeits- und Projektgruppen mit, die die Umsetzung vorantrieben. Darüber hinaus fand ein bis zwei Mal im Jahr ein Treffen zwischen den Werkleitern und Betriebsratsvorsitzenden aller Werke statt, in denen der Umsetzungsstand und weiterführende Themen besprochen wurden. Diese Treffen wurden vom Produktionsvorstand und Vorsitzenden des Gesamtbetriebsrates des Unternehmens gemeinsam geleitet.

So oder ähnlich vollzieht sich die Einbindung des Betriebsrates heute in immer mehr Unternehmen, die ihre organisatorischen Veränderungen aktiv vorantreiben. Ihr Management klagt nicht über die Grenzen, die ihnen die Mitbestimmung setzt, sondern gestaltet die

Mitwirkung der Betriebsräte so, dass sie dem Unternehmen nutzt. Es erkennt an, dass ohne ein aktives Co-Management des Betriebsrates die notwendigen organisatorischen Veränderungen sich kaum wirksam vorantreiben lassen. Dabei geht es keineswegs nur darum, dass sich die jeweils geplanten organisatorischen Innovationen gegen den Widerstand der Betriebsräte nicht durchsetzen ließen; immer wichtiger wird, dass Betriebsräte sich neben dem Management mit an die Spitze der Veränderungsprozesse stellen und dafür Sorge tragen, dass die Mitarbeiter die Innovationen verstehen, akzeptieren und gemeinsam mit ihren Vorgesetzten vorantreiben.

Zwischen Mitarbeiterschutz und Wettbewerbsfähigkeit

Co-Management beschränkt sich nicht auf ein klassisches Schutzverständnis von Betriebsratsarbeit, sondern trägt dem Umstand Rechnung, dass der Zwang zu „Schöpferischer Zerstörung" auch vor Betriebsräten nicht halt macht. Auch Betriebsräte haben, wie ihre Wähler, ein Interesse an der Erhaltung und Weiterentwicklung ihrer Unternehmen und damit an deren wirtschaftlichen Wettbewerbsfähigkeit. Diese steht zwar in einem Spannungsverhältnis zu den Einkommensinteressen der Mitarbeiter, die meisten Betriebsräte wissen jedoch, dass man nur Kühe melken kann, die auch gut im Futter stehen. Umsatz und Ertrag sind daher Zielgrößen, die auch Betriebsräten keineswegs gleichgültig sein können, sofern sie nicht einfach nur an die Milch, aber nicht an die Kühe denken.

Co-Management bedeutet für Betriebsräte daher nicht nur, dass sie an der Gestaltung von organisatorischen Innovationsprozessen aktiv mitwirken, es führt auch dazu, dass sie ihr Handeln mehr denn je nicht nur an den Interessen ihrer Wähler, sondern an den Interessen des ganzen Unternehmens ausrichten. Erst dies macht sie überhaupt zu wirklichen Co-Managern, die sich eben nicht nur als Schutzpolizisten der Mitarbeiter verstehen, sondern die wirtschaftliche Verantwortung mit dem Management teilen. Vom Management unterscheiden sie sich dadurch, dass sie gewählt werden und daher in einer besonderen Weise den Interessen ihrer Wähler verpflichtet sind. Co-Manager sind, so gesehen, nichts anderes als gewählte Manager mit einer spezifischen Interessenverpflichtung.

Dies widerspricht dem Selbstbild vieler Betriebsräte, die in den letzten Jahrzehnten gelernt haben, dass sie entweder „Gegenmacht" zum Management oder aber „Sozialpartner" sind. Während im Gegenmachtmodell noch die alte Utopie einer Übernahme der Unternehmen durch die Arbeiter („Alle Macht den Räten") mitschwingt, geht das Sozialpartnerschaftsmodell davon aus, dass die Betriebsräte im Konsens mit dem Management dafür sorgen, dass die Mitarbeiter ihren gerechten Anteil an den wirtschaftlichen Ergebnissen der Unternehmen erhalten. Sie greifen aber nicht selbst gestalterisch in die wirtschaftliche Weiterentwicklung der Unternehmen mit ein. Nichts anderes tun heute aber immer mehr Betriebsräte, häufig gestützt durch diejenigen Teile des Managements, welche die wirtschaftliche Mitverantwortung der Betriebsräte stärken wollen.

Praxisbeispiel

Die Einführung von Gruppenarbeit wurde bei einem Küchenmöbelhersteller von dem Betriebsrat nicht nur mit unterstützt, sondern regelrecht gefordert. Die Gruppenarbeit galt ihm als ein Innovationsansatz, mit dem sich Mitarbeiterinteressen und Unternehmensinteressen besonders gut in Einklang bringen lassen. Durch Arbeitsanreicherung, Arbeitserweiterung und Rotation können die Arbeitsplätze anspruchsvoller gestaltet werden, was aus Sicht des Betriebsrates auch Möglichkeiten bot, die Lohneinstufungen anzuheben. Dafür war er in Kauf zu nehmen bereit, dass zum Beispiel Aufgaben der Instandhaltung in die Arbeitsgruppen integriert werden, die im Bereich der Instandhaltung dann entfallen. Nach dem Motto: „Mehr Geld für mehr und anspruchsvollere Arbeit" unterstützte der Betriebsrat die Umsetzung der Gruppenarbeit nicht nur, sondern forderte sie regelrecht. Er beteiligte sich daher aktiv in einem Steuerkreis zur Einführung der Gruppenarbeit und wirkte auch in einzelnen Projektgruppen mit, die sich mit der Realisierung des Konzepts vor Ort befassten.

Bei der konkreten Umsetzung stellte sich jedoch immer wieder die Frage, ob mit der Integration indirekter Tätigkeiten eine höhere Auslastung der direkten Mitarbeiter verbunden sein dürfe oder ob mit den indirekten Tätigkeiten auch die indirekten Mitarbeiter eins zu eins in die Produktion wandern sollten. Hier schieden sich nun die Geister unter den verschiedenen Betriebsratsmitgliedern. Die einen setzten sich mit Nachdruck dafür ein, dass es zu keiner höheren Auslastung der direkten Mitarbeiter kommt, kämpften aber gleichzeitig für eine möglichst rasche Anhebung der Lohnstufen. Die anderen akzeptierten, dass eine Lohnanhebung nur in Frage kommen kann, wenn diese sich durch eine Erhöhung der Auslastung der Arbeitsgruppen betriebswirtschaftlich rechtfertigt. Da das Unternehmen ohnehin vor der Frage stand, wie es eine steigende Nachfrage personell bewältigen sollte, war mit einer höheren Auslastung kein Abbau von Arbeitsplätzen verbunden. Für die zusätzliche Arbeit mussten nur weniger Mitarbeiter eingestellt werden, da ein Teil der Zusatzarbeit von den schon beschäftigten Mitarbeitern erledigt werden konnte.

Innerhalb des Betriebsrates entstand so ein Konflikt um die Frage, wie man sich hinsichtlich der Integration indirekter Tätigkeiten verhalten solle. Es setzten sich schließlich die Befürworter einer höheren Auslastung durch, da sonst zu befürchten war, dass das Management die Gruppenarbeit nicht mehr weiter mittragen würde. Einzelne Betriebsratsmitglieder wiesen gegenüber den Mitarbeitern, zum Beispiel in Schulungen, die sie gemeinsam mit den verantwortlichen Führungskräften durchführten, mit Nachdruck darauf hin, dass sie im Interesse einer verbesserten Wirtschaftlichkeit auch mehr zu leisten hätten. Dafür erhielten sie eine bessere Bezahlung und könnten selbständiger arbeiten. Diese Betriebsräte machten mit dem ernst, was in der Betriebsvereinbarung zur Gruppenarbeit niedergelegt war: durch eine Neuordnung der Tätigkeiten die Produktivität zu steigern. Sie verstanden dieses Junktim nicht als ein bloßes arbeitspolitisches Lippenbekenntnis, sondern standen gegenüber ihren Wählern auch für das Ziel der Produktivitätssteigerung ein.

Dies wiederum irritierte nicht wenige Mitarbeiter, die es gewohnt waren, dass Betriebsräte sich zwar für bessere Bezahlung und humanere Arbeitsbedingungen, nicht aber für eine Erhöhung der Auslastung der Mitarbeiter einsetzen. Einige von ihnen fragten beim Betriebsrat an, ob dieser nun zum Management übergelaufen sei und die Wirtschaftlichkeit als wichtiger erachte als die Mitarbeiterinteressen. Manche drohten gar mit dem Austritt aus der Gewerkschaft, wenn die Betriebsräte nicht aufhörten, sich mit dem Management ins gemeinsame Gruppenarbeitsbett zu legen. Betriebsräte seien schließlich Interessenvertreter und keine Manager, die sich um den wirtschaftlichen Erfolg organisatorischer Innovationen zu kümmern haben.

Damit wurde bei den Betriebsräten, die sich aktiv für den wirtschaftlichen Erfolg der Gruppenarbeit einsetzten, ein wunder Punkt getroffen. Ihre Kritiker unter den Mitarbeitern maßen sie nämlich an dem Leitbild von Betriebsratsarbeit, das sie ihren Wählern selbst auf Betriebsversammlungen und bei anderen Gelegenheiten vermittelt hatten: der Betriebsrat als engagierter Kämpfer für Arbeiterinteressen, der sich mit Nachdruck gegen die Profitgier der Unternehmen und des Managements stemmt. Wie verträgt sich ein solches Leitbild mit einer gemeinsamen Arbeit an der Umsetzung eines arbeitsorganisatorischen Konzepts, das erklärtermaßen nicht nur den Mitarbeitern, sondern auch dem Unternehmen Vorteile bringen soll? Nun rächte sich plötzlich, dass die Betriebsräte zwar faktisch als Co-Manager handelten, es aber unterlassen hatten, ihre veränderte Funktion und Rolle mit einem neuen Leitbild zu versehen, das sie auch ihren Wählern hätten vermitteln müssen.

Der Betriebsrat stand nun plötzlich zwischen seinen Zusagen an das Management, mit der Gruppenarbeit auch wirtschaftliche Effekte zu unterstützen, und seinen Versprechungen an die Mitarbeiter, immer nur deren Interessen zu vertreten. Viele Betriebsratsmitglieder gerieten hierüber in eine Art Identitätskrise, die einige von ihnen dadurch zu lösen versuchten, dass sie ihr Co-Management-Handeln wieder aufgaben und das klassische Leitbild des einseitigen Interessenvertreters bedienten. Insbesondere die Betriebsratsspitze erkannte jedoch, dass dies wenig erfolgversprechend ist, und startete eine Diskussion über die veränderten Anforderungen an Betriebsratsarbeit, die auch die Auseinandersetzung über ein neues Selbstverständnis mit einschloss. Dies führte dazu, dass die Umsetzung der Gruppenarbeit weiter vorangetrieben werden konnte und nicht vollständig zum Erliegen kam.

Ideologie und Wirklichkeit

Der Funktionswandel, vor dem Betriebsräte heute stehen, rührt an festgefügte ideologische Grundüberzeugungen, die über lange Zeit gewachsen sind. Eine dieser Grundüberzeugungen ist die von einem grundlegenden Interessengegensatz zwischen Kapital und Arbeit. Sie ist für das Selbstverständnis vieler Betriebsräte heute nach wie vor prägend und bestimmt keineswegs nur das Denken der „Klassenkämpfer", sondern auch der „Sozialpartner" unter ihnen. Sie alle leiten einen Großteil ihrer Motivation und Energie aus der Überzeugung her, einer höheren Sache zu dienen, indem sie sich für mehr Gerechtigkeit, bessere Arbeitsbedingungen oder mehr Demokratie im Betrieb, nicht jedoch für eine verbesserte Wirtschaftlichkeit einsetzen. So ehrenhaft dies auch immer sein mag, es erschwert die Anpassung des eigenen Selbstverständnisses an sich wandelnde Rahmenbedingungen, die auch vor Betriebsräten nicht halt machen. Viele Betriebsräte ziehen es daher vor, an überkommenen Leitbildern festzuhalten. Anspruch und Wirklichkeit von Betriebsratsarbeit klaffen so immer weiter auseinander.

Daraus ergibt sich unter anderem das Problem, dass geltende Anforderungsprofile an Betriebsräte immer weniger mit den Anforderungen übereinstimmen, die sich aus ihrer täglichen Arbeit ergeben. Ohnehin ist in den Unternehmen kaum beschrieben und dokumentiert, welche Voraussetzungen jemand zu erfüllen hat, um als Betriebsrat tätig werden zu können. Die Wähler der Betriebsräte verfügen so über keine allgemein anerkannten Maßstäbe für ihre Wahlentscheidungen. Die Festlegung der Kriterien ist ihnen weitgehend selbst überlassen. Dies mag unter dem Gesichtspunkt, dass es sich bei Betriebsräten um ein Wahlamt handelt, gerechtfertigt sein. Stellt man jedoch in Rechnung, dass Betriebsräte nicht wie Abgeordnete vom konkreten Geschehen relativ weit entfernt sind, sondern in dieses täglich eingreifen, wäre es schon hilfreich, genauer zu wissen, welche Voraussetzungen jemand hierfür mitbringen muss. Bislang liegen seitens der Betriebsräte entsprechende Profilbeschreibungen jedoch nicht vor.

Das ist es aber nicht alleine. Auch das Management befasst sich so gut wie überhaupt nicht mit dem Funktionswandel der Betriebsräte. Dies ist umso verwunderlicher, als Betriebsräte eine vom Gesetz vorgeschriebene und damit fest institutionalisierte Unternehmensfunktion sind. Kein Unternehmen ab einer bestimmten Größe kann auf einen Betriebsrat verzichten, sofern die Mitarbeiter einen wünschen. Sein Einfluss insbesondere auf personelle Angelegenheiten ist erheblich. Das Interesse der Unternehmen, die Funktion des Betriebsrates auch praktisch mit auszugestalten, müsste daher stark ausgeprägt sein. Tatsächlich finden wir aber in nur wenigen Fort- und Weiterbildungsprogrammen von Unternehmen Angebote an Betriebräte, wie diese sich beispielsweise für die Umsetzung organisatorischer Innovationen qualifizieren können.

Dies zeigt, dass das Management der neuen Rolle von Betriebsräten als Co-Manager organisatorischer Innovationen offenkundig reservierter, vielfach aber auch einfach gleichgültiger gegenübersteht, als man dies erwarten sollte. Viele Manager können sich nicht vorstellen, dass Betriebsräte aktive Verantwortung für organisatorische Veränderungen übernehmen und in diesem Zusammenhang sogar an der Realisierung wirtschaftlicher Effekte mitwirken. Sie betrachten Betriebsräte als einseitige Schutzpolizisten von Mitarbeiterinteressen und hängen daher demselben überholten Leitbild von Betriebsratsarbeit an wie viele Betriebsräte auch. Man kann sogar sagen, dass sich Betriebsrat und Management vielfach gegenseitig in dem Vorurteil stärken, eine sachgerechte Zusammenarbeit sei in organisatorischen Innovationsprozessen nicht möglich, da die Interessen und jeweiligen Sichtweisen sich diametral widersprächen.

Dieses Bild ändert sich unter Managern erst dann, wenn sich in der täglichen Zusammenarbeit zwischen Management und Betriebsrat zeigt, dass auch Betriebsräte Verantwortung für organisatorische Veränderungen zu übernehmen in der Lage und bereit sind. Um dies zu zeigen, müssen sie aber zunächst überhaupt in den Stand versetzt werden, an organisatorischen Veränderungen entsprechend mitwirken zu können. Hierfür müssen sie wiederum auch entsprechend qualifiziert werden.

Experten der Arbeit

Es liegt also in erster Linie am Management, aus Betriebsräten Co-Manager des organisatorischen Wandels zu machen. Sie dürfen die Funktion und Rolle der Betriebsräte nicht einfach dem Lauf der Dinge überlassen, da keineswegs sichergestellt ist, dass Betriebsräte ihren Funktionswandel aus eigener Kraft bewältigen können. Auch sie benötigen Unterstützung, wenn es darum geht, auf der Grundlage veränderter Aufgaben ein neues Selbstverständnis zu entwickeln und offensiv nach außen zu vertreten. Für Betriebsräte gilt dies möglicherweise mehr als für Manager, sind sie doch darauf angewiesen, ihre veränderte Funktion und ihr neues Selbstbild nicht nur ihresgleichen, sondern auch ihren Wählern zu vermitteln.

In jenen Unternehmen, in denen Betriebsräte zunehmend als Co-Manager organisatorischer Innovationen handeln, hat das Management in aller Regel gezielt darauf hingewirkt, dass Betriebsräte ihre veränderte Funktion und Rolle aktiv wahrnehmen können. Dazu gehört zuallererst, dass Betriebsräte vom Management nicht mehr nur in ihrer arbeitspolitischen Interessenfunktion, sondern als Fachleute für Arbeitsprozesse angesprochen werden. Werden sie vom Management als reine Schutzpolizisten behandelt, ist es nicht weiter verwunderlich, wenn sie sich in erster Linie dann auch als solche verhalten. Werden sie hingegen als Experten der Arbeit ins Spiel gebracht, verhalten sich die meisten von ihnen auch als solche.

Kein Betriebsrat kann sich im Laufe seines Berufslebens all jenen fachlichen und wirtschaftlichen Zusammenhängen entziehen, die für eine sachgerechte Organisation und Gestaltung von Arbeit zwingend sind. Sie alle werden im Laufe der Jahre zu Experten der Arbeit, die sehr wohl wissen, wie gut oder wie schlecht die organisatorischen Strukturen und Abläufe in ihren Unternehmen sind und wie diese verbessert werden könnten. Dieses Fachwissen kann und sollte von den Unternehmen ebenso genutzt werden, wie es für sie heute selbstverständlich ist, sich das Wissen und die Erfahrung der Mitarbeiter für die Verbesserung von Arbeitsabläufen zunutze zu machen.

Hinzu kommt, dass viele Betriebsräte weit mehr das Ohr am Puls der Mitarbeiter haben als deren Vorgesetzte. Als gewähltes Sprachrohr der Mitarbeiter müssen Betriebsräte wissen, was ihre Wähler denken und wollen. Das ist zwar für Manager gewiss auch notwendig, ist für sie aber nicht überlebenswichtig, da sie von ihren Mitarbeitern nicht gewählt, sondern von ihren Vorgesetzten eingesetzt werden. Dennoch müssen auch Manager mehr denn je Zugang zu den Denk- und Sichtweisen ihrer Mitarbeiter haben, wollen sie nicht Gefahr laufen, sich ihnen weitgehend zu entfremden. Eine Möglichkeit, dies zu vermeiden, besteht darin, dass Manager eng mit ihren Betriebsräten kooperieren. Sie wissen in aller Regel recht gut, wie die Mitarbeiter denken, welche Veränderungsideen sie selbst haben, wo von deren Seite mit Widerständen gegen organisatorische Veränderungen zu rechnen ist und wie solche Widerstände überwunden werden können. Dies sollte den direkten Kontakt des Managements mit den Mitarbeitern nicht ersetzen, sondern vor allem in den Fällen ergänzen, in denen allein auf Grund der schieren Größe eines Unternehmens Direktkontakte schwierig sind.

Als Sprachrohr der Mitarbeiter können Betriebsräte daher nicht nur zur Durchsetzung von Mitarbeiterinteressen, sondern auch zur Umsetzung von organisatorischen Veränderungen wirksam werden. Je früher und intensiver dies der Fall ist, desto weniger müssen die Unternehmen ihre organisatorischen Konzepte nach- und umarbeiten, wenn sie nach einer gewissen Zeit feststellen, dass die Mitarbeiter sie nicht mittragen. Insofern ist das Co-Management der Betriebsräte auch ein wichtiger Beschleunigungsfaktor im Innovationsprozess, selbst wenn es auf den ersten Blick eher so scheint, dass die Einbindung einer zusätzlichen Instanz in die häufig ohnehin ziemlich komplizierten und aufwändigen Abstimmungsprozeduren den Umsetzungsprozess eher verlangsamen würde. Nicht selten ist es sogar so, dass erst die Einbindung des Betriebsrates in ein organisatorisches Veränderungsprojekt der Sache selbst die notwendige strategische Bedeutung und Verbindlichkeit verleiht, ohne die heute keine Veränderungsmaßnahme große Erfolgschancen hat. Betriebsvereinbarungen über organisatorische Innovationen werden häufig selbst von den Führungskräften ernster genommen als Hochglanzbroschüren über die neuesten Reorganisationshits, die von kopflastigen Stabsbereichen ausgearbeitet worden sind.

Partner für Innovationsbündnisse

Mancher veränderungsorientierte Topmanager ist in den letzten Jahren nicht zuletzt deswegen ein Innovationsbündnis mit dem Betriebsrat eingegangen, um so die Bremser im Management auszumanövrieren. Er kann dies nicht tun, ohne dass er in den Betriebsratsspitzen Kooperationspartner hat, mit denen er im Interesse der Wettbewerbsfähigkeit des Unternehmens und der Beschäftigungssicherung vertrauensvoll zusammenarbeitet. Co-Management ist daher eine Verhaltensorientierung, die von den Spitzen des Managements wie auch der Betriebsräte entwickelt und vorgelebt werden muss. Zugleich darf sie jedoch nicht auf die oberen Ebenen des Managements und der Betriebsräte beschränkt bleiben, wo zum Beispiel durch die Besetzung der Aufsichtsräte von Aktiengesellschaften schon seit langem co-managerielle Strukturen existieren.

Dies reicht heute jedoch nicht mehr aus, wenn es darum geht, Innovationsprozesse vor Ort zu managen und zum Erfolg zu führen. Nicht nur die Spitzen der Betriebsräte, sondern das gemeine Betriebsratsmitglied muss, wie ich an anderer Stelle gemeinsam mit Michael Lacher gezeigt habe (Lacher/Springer 2002), Co-Management erlernen und praktizieren. Hier ist in den Unternehmen aus unterschiedlichen Gründen heute gewiss die noch größte Hürde zu nehmen. Nicht jedes Betriebsratsmitglied ist zum Co-Manager geboren. Viele Betriebsräte scheuen sich vor einer Aufgabe, die sie auch leicht überfordern kann. Ein wirksames Co-Management scheitert daher nicht selten an mangelnden subjektiven Voraussetzungen.

Das ist es jedoch nicht allein. Co-Management stößt auch an objektive Schwierigkeiten. Von besonderer Bedeutung dürfte in diesem Zusammenhang sein, dass es umso schwieriger wird, die richtige Balance zwischen Mitarbeiterinteressen und Unternehmensinteressen zu finden, je direkter der einzelne Betriebsrat mit den unmittelbaren Interessen der Mitarbeiter konfrontiert ist. Der Betriebsrat vor Ort, der täglich mit den Mitarbeitern zu tun hat, tut sich mit wirtschaftlichen Argumentationen gegenüber seinen Wählern daher schwerer als das Aufsichtsratsmitglied, das sich vor allem in Gremien bewegt.

Gleichzeitig gilt aber auch, dass nirgendwo die wirtschaftlichen Erfordernisse so handgreiflich werden, wie in den Arbeitsprozessen vor Ort. Hier zeigen sich die jeweiligen Kosten- und Produktivitätsprobleme so ungeschminkt, dass nicht nur Führungskräfte und Mitarbeiter, sondern auch Betriebsräte sehr wohl wissen, wo dringender Handlungsbedarf besteht. Nicht wenige prozessnahe Betriebsratsmitglieder praktizieren daher trotz aller Schwierigkeiten schon heute ein professionelles Co-Management, ohne jemals eine entsprechende Schulung durchlaufen zu haben. Sie tragen damit maßgeblich zum Erfolg organisatorischer Innovationen und damit zur Wettbewerbsfähigkeit ihrer Unternehmen bei. Das ist es jedoch nicht alleine. Da Betriebsräte, anders als Manager, in aller Regel für lange Zeiträume in ihren Funktionen verbleiben, stellen sie einen gleichsam stabilisierenden Faktor in den Veränderungsprozessen dar. Haben sie sich nämlich erst einmal mit an die Spitze entsprechender Konzepte und

Maßnahmen gestellt, entwickeln sie gleichsam ein natürliches Interesse, diese auch konsequent umzusetzen. Das schulden sie nicht nur ihren Wählern, sondern auch ihrer eigenen Glaubwürdigkeit. Sie drängen daher auf Kontinuität und Konsequenz, wo das Management auf Grund eines immer schnelleren Stellenwechsels immer häufiger die Pferde zu wechseln versucht.

All dies darf nicht darüber hinweg täuschen, dass bislang nur wenige Betriebsräte ihre neue Rolle als Co-Manager im Prozess schöpferischer Zerstörung aktiv angenommen haben; zweifellos stehen wir heute aber am Beginn eines neuen Weges, an dessen Ende ein den heutigen Erfordernissen besser angepasster Typus von Betriebsratsarbeit steht.

2 Entwicklung von Innovationskonzepten

2.1 Essentials der Konzeptentwicklung

Prüfung der Organisationsschärfe

Bevor organisatorische Veränderungen umgesetzt werden, müssen sie konzipiert sein. Schon hier kommen Interessenbeziehungen ins Spiel, die es zu gestalten gilt. Political Engineering beginnt also nicht erst mit der Umsetzung, sondern schon bei der Entwicklung organisatorischer Innovationskonzepte.

Die Entwicklung solcher Konzepte ist kein Selbstzweck, sondern dient der Schärfung und Verbesserung der organisatorischen Strukturen und Abläufe in den Unternehmen. Es geht nicht darum, durch die Adaption irgendwelcher gerade gängiger Organisationsmoden nach innen und außen darstellen zu können, dass ein Unternehmen besonders modern sei; vielmehr kommt es darauf an, jenseits aller Moden die richtigen und notwendigen Veränderungen in die Wege zu leiten. Organisatorische Innovationen sollten daher auch nur in die Wege geleitet werden, wenn sich herausgestellt hat, dass das Werkzeug Organisation stumpf geworden ist. Wie lässt sich dies nun aber feststellen?

Unterscheiden lassen sich grundsätzlich zwei Prüfmethoden.

- die indirekte Prüfung anhand wirtschaftlicher Kennzahlen
- die direkte Prüfung anhand der Arbeitsabläufe beziehungsweise Prozesse

In aller Regel sind es zunächst bestimmte wirtschaftliche Kenzahlen (Produktivitätskennzahlen, Qualitätskennzahlen, Kennzahlen zur Mitarbeiterstruktur) die herangezogen werden müssen, um organisatorischen Veränderungsbedarf zu erkennen. Wenn im Vergleich zu Wettbewerbern festgestellt werden kann, dass diese hier im Vorteil sind, ist dies in aller Regel schon ein untrüglicher Hinweis darauf, dass die bestehenden Strukturen und Abläufe nicht (mehr) das leisten, was sie leisten sollten. Damit weiß man in aller Regel aber noch nicht, an welchen Stellen die Organisation wie nachgeschliffen werden muss.

Dies erschließt sich erst, wenn die Arbeitsabläufe einer eingehenderen Prüfung unterzogen worden sind. Erst wenn sichtbar wird, an welchen Stellen die Prozesse nicht rund laufen, sind Veränderungsbedarfe genauer zu bestimmen. Normalerweise wissen diejenigen, die die jeweiligen Arbeiten alltäglich verrichten – also die Mitarbeiter – , früher als alle anderen, wo es Defizite gibt. Sie halten dieses Wissen aber entweder aus unterschiedlichsten Gründen zurück, oder kommunizieren es in Gestalt von unterschiedlichsten Unzufriedenheitsbekundungen, die freilich oft verpuffen. Schlechte Stimmungen sind daher meist auch ein untrügliches Zeichen für Defizite in den Arbeitsprozessen. Solange sich diese Stimmungen jedoch nicht in verschlechterten wirtschaftlichen Ergebnissen niederschlagen, tun sich die meisten Unternehmen damit schwer, allein aufgrund von Stimmungslagen organisatorische Veränderungen in die Wege zu leiten.

Wir können insofern davon ausgehen, dass Defizite in den organisatorischen Strukturen und Abläufen sich zunächst in der Unzufriedenheit der Mitarbeiter und erst dann in den wirtschaftlichen Ergebnissen äußern. Häufig wird erst reagiert, wenn Produktivität und Qualität sich verschlechtern. Es ist dann zwar nicht unbedingt zu spät, wohl aber ließen sich die Auswirkungen auf die Wirtschaftlichkeit vermeiden, wenn frühzeitig die Qualität der Prozesse unter die Lupe genommen wird.

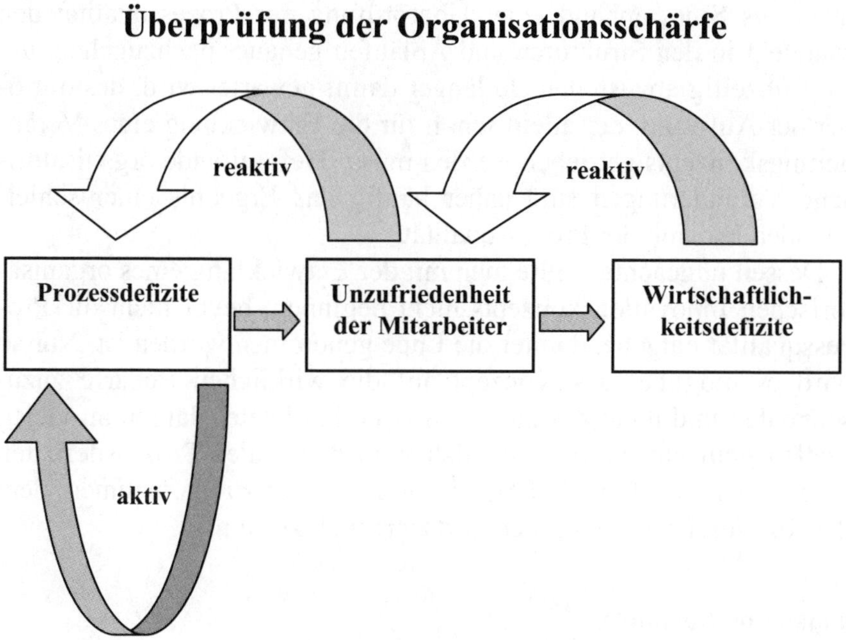

Überprüfung der Organisationsschärfe

Abb. 2.1. Überprüfung der Organisationsschärfe

Entscheidend ist daher, dass die jeweiligen Abläufe in den Unternehmen beschrieben werden, um so eine Grundlage für die Überprüfung der Prozessqualität zu schaffen. Auf ihrer Grundlage müssen dann in Zusammenarbeit mit den Mitarbeitern die Schwachstellen in den Abläufen identifiziert werden, um so nicht nur zu vermeiden, dass die Stimmung unter den Mitarbeitern sich allmählich verschlechtert, sondern es von vornherein nach Möglichkeit gar nicht zu den wirtschaftlichen Negativfolgen kommen zu lassen. Untrügliche Anzeichen für eine nachlassende Schärfe des Werkzeugs Organisation sind in der Regel:

- Unklare Aufgabeninhalte
- Unklare Schnittstellen zwischen unterschiedlichen Aufgaben
- Zahlreiche Kompetenzstreitigkeiten
- Lange Warte- und Liegezeiten von Arbeitsaufträgen
- Langwierige Abstimmungsprozeduren
- Häufige Doppel- und Nacharbeiten

Wenn derlei Anzeichen in einem Unternehmen zu erkennen sind, macht es Sinn, anhand einer Überprüfung der Prozessqualität den Mängeln in den Strukturen und Abläufen genauer nachzugehen, um sie frühzeitig abzustellen. Je länger damit gewartet wird, desto größer der Aufwand, der allein schon für die Entwicklung eines Veränderungskonzepts getrieben werden muss. Tiefgreifende organisatorische Veränderungen sind daher häufig das Ergebnis einer schleichenden Erosion der Prozessqualität.

Dessen ungeachtet sollte man mit der Entwicklung eines organisatorischen Innovationskonzepts nicht beginnen, bevor nicht die Prozessqualität eingehend unter die Lupe genommen worden ist. Nur so wird es möglich, das Konzept auf die wirklichen Bedarfe zuzuschneiden und nicht das zu tun, was in den letzten Jahren an vielen Stellen gemacht worden ist: nicht von den realen Prozessdefiziten auszugehen, sondern ein Organisationskonzept zu übernehmen, dem der Ruf vorauseilt, besonders fortschrittlich zu sein.

Jagen und Sammeln

Die Entwicklung organisatorischer Innovationskonzepte selbst ist ein in hohem Maße kreativer (schöpferischer) Prozess. Als solcher ist er nur begrenzt exakt beschreibbar und standardisierbar. Wie jeder Entwicklungsprozess – zum Beispiel von informationstechnologischer Hardware oder Software – lässt er sich jedoch grob in zwei Schritte untergliedern:

- den Schritt der Ideenfindung und
- den Schritt der Konzeptausarbeitung

Kennzeichnend für den Schritt der Ideenfindung ist, dass sich die Unternehmen gezielt auf die Suche nach anderen als den bisher praktizierten organisatorischen Lösungen machen. Organisatorische Innovationsideen fallen nicht vom Himmel, sondern basieren normalerweise auf schon vorhandenen organisatorischen Ansätzen. Diese werden verändert und auf ihre neuen Wirkungen hin geprüft. Entscheidend sind die Abweichungen vom schon Bekannten, die die wesentlichen Ideen für neue Lösungen liefern.

Innovationen entpuppen sich insofern bei genauerer Betrachtung vielfach als Imitationen. Jürgen Hauschildt schreibt in diesem Zusammenhang: „In der Wirtschaftspraxis wird die Imitationsstrategie offenbar ganz leidenschaftslos neben der Innovationsstrategie verfolgt." (Hauschildt 1997, S. 61) Für das einzelne Unternehmen ist insbesondere auf dem Feld der Organisation nicht entscheidend, ob ein neuer Ansatz in dem Sinne eine Innovation ist, dass er noch nirgendwo sonst praktiziert worden ist, sondern dass er für das jeweilige Unternehmen eine Neuerung darstellt. Dabei ist noch nicht einmal auszuschließen, dass der neue Ansatz in dem jeweiligen Unternehmen irgendwann schon einmal praktiziert worden ist und das Neue insofern eine Rückkehr zum Alten bedeutet. Neu ist in der subjektiven Wahrnehmung der Unternehmen zunächst einmal immer das, was gegenwärtig nicht praktiziert wird, unabhängig vom tatsächlichen Innovationsgrad. Es geht ihnen in aller Regel nicht darum, etwas zu entwickeln, was noch nirgendwo entwickelt und eingeführt worden ist, sondern Lösungen zu finden, die einen gegebenen Zustand verbessern.

Innovative Ideen werden daher in aller Regel im schon Vorhandenen gesucht. Innovatoren gleichen insofern eher kontaktfreudigen und weltoffenen Jägern und Sammlern als einsamen Genies, die am Schreibtisch oder im Betrieb neue Ideen ausbrüten. Das Jagen und Sammeln kann freilich auf unterschiedlichen Wegen erfolgen. Zum Beispiel kann die vorhandene organisationswissenschaftliche und sonstige Literatur nach neuen Lösungen durchforstet werden; denn möglicherweise sind interessante neue Ansätze schon von Wissenschaftlern, Beratern oder auch Praktikern in irgendeiner Weise schriftlich dokumentiert worden. Die Ideenfindung startet daher in den Unternehmen nicht selten mit der Beauftragung von Diplomanden oder Doktoranden, die entsprechende Literaturrecherchen durchführen, auf deren Grundlage dann eigene Konzepte entwickelt werden.

Häufig werden aber auch Berater oder Wissenschaftler angehört, um von ihnen zu erfahren, welche weiterführenden organisatorischen Ansätze sie anzubieten haben. Von ihnen wird in einer besonderen Weise erwartet, dass sie immer auf der Höhe der innovativsten Ideen und Konzepte sind und das Jagen und Sammeln ein fester Bestandteil ihres Berufsbildes ist. Sie sollen etwas leisten, wozu die Unternehmen selbst häufig schon allein aus Zeitgründen kaum in der Lage sind. Der Aufwand für die eigene Ideenfindung wird dadurch umgangen. Und werden nicht nur grobe Ideen, sondern möglicherweise schon ganze Konzepte geliefert, kann darüber hinaus auch der entsprechende Ausarbeitungsaufwand gespart werden.

So gesehen ist es für die Unternehmen durchaus von Vorteil, wenn sie sich bei der Entwicklung von Innovationskonzepten externer Lieferanten bedienen und auf diesem Wege ihre Entwicklungsprozesse verkürzen. Das Rad muss nicht von einem selbst erfunden werden, wenn andere es schon erfunden haben. Nachteilig wirkt sich bei dieser Vorgehensweise aber nicht selten aus, dass die Ideen und Konzepte nicht wirklich auf die eigenen Anforderungen passen. Der Verzicht auf die eigene Entwicklung von Innovationskonzepten kann sich als eine Fehlentscheidung entpuppen, wenn bei der Umsetzung festgestellt wird, dass die eingekauften Produkte doch noch erheblich nachgebessert werden müssen.

Von daher empfiehlt es sich, dass die Unternehmen selbst aktiv an der Generierung, vor allem aber an der Ausarbeitung und Standardisierung ihrer Innovationsideen (mit-)arbeiten. Sie dürfen diese wichtige Aufgabe nicht komplett an externe Spezialisten übertragen, weil sie damit nicht nur Gefahr laufen, mit Konzepten beliefert zu werden, die sich kaum umsetzen lassen, sondern auch ihre eigene Innovationskompetenz nicht weiterzuentwickeln. Sie sollten bei der Konzeptentwicklung jedoch auch nicht darauf verzichten, sich des Wissens externer Spezialisten zu bedienen, die nicht nur wesentliche Impulse für die Ideenfindung geben, sondern auch die Ausarbeitung und Standardisierung der Konzepte beschleunigen und verbessern können.

Balance of Information

Das Jagen und Sammeln innovativer organisatorischer Ideen unterliegt so gut wie keinen institutionalisierten Regeln. Es gibt im Unterschied zur Entwicklung technischer Produktideen keinen Patentschutz auf organisatorische Lösungen, die deren Besitzern eine Gewähr dafür bieten, dass andere sich dieser Lösungen nicht auch bedienten. Der einzige Schutz vor Ideenklau besteht deswegen darin, dass ein Unternehmen seine Lösungen streng für sich behält. Würden sich alle Unternehmen so schützen, hätte dies freilich den Nachteil, dass die Entwicklung innovativer Ideen über kurz oder lang zum

Erliegen käme. Diese lebt gleichsam vom Ideenklau, da in der Regel kein Unternehmen in der Lage ist, allein aus sich selbst heraus Ideen zu generieren.

Vor diesem Hintergrund steht bei der Entwicklung organisatorischer Innovationsideen immer die Frage im Raum, wer vom anderen was und wie viel erfährt. In der Wissenschaft, die ihr Potenzial an innovativen Ideen auch über weite Strecken daraus schöpft, dass sich der eine Wissenschaftler Ideen anderer Wissenschaftler zu eigen macht, gilt die Regel, dass die entsprechenden Quellen benannt werden müssen. Damit wird nicht nur offen dokumentiert, woher man seine Ideen hat, es wird auch demonstriert, dass man die Ideen anderer berücksichtigt hat und entsprechend anerkennt. Wertschätzung kann im Wissenschaftssystem daher auch schon derjenige erlangen, der die Ideen anderer systematisch aufgearbeitet und geordnet hat, ohne allzu viel neue Ideen selbst zu produzieren.

Wenn sich Unternehmen hingegen auf die Suche nach Innovationsideen begeben, interessieren die Quellen, aus denen sie diese beziehen, bestenfalls in zweiter Linie, eigentlich aber überhaupt nicht. Auf die Quellen des Wissens werden keine, den Gepflogenheiten des Wissenschaftssystems entsprechende Rücksichten genommen. Die Unternehmen wissen zwar, woher sie ihr Wissen bezogen haben, legen dies aber in aller Regel nicht offen. Das ist nur zum Teil dem Wunsch geschuldet, sich unter Umständen auch einmal mit fremden Federn zu schmücken; wichtiger dürfte demgegenüber sein, dass man, wie zum Beispiel Journalisten, seine Wissensquellen nicht unbedingt preisgibt, vor allem wenn sie sich als besonders ergiebig erweisen.

Da die Unternehmen wissen, dass es auf dem Feld der Organisation so gut wie keinen Schutz für geistiges Eigentum gibt, gehen sie mit der Weitergabe von diesbezüglichen Informationen eher vorsichtig um. Das heißt nicht, dass sie nicht bereit wären, organisatorisches Wissen preiszugeben; es heißt aber, dass die Weitergabe dieses Wissens so dosiert wird, dass sie einigermaßen sicher sein können, mehr Wissen zu erhalten, als zu geben.

Besonders sparsam gehen die Unternehmen mit all jenen Erfahrungen um, die ihnen gezeigt haben, dass jede organisatorische Lösung nicht nur ihre Vor-, sondern auch ihre Nachteile hat. Nach außen wird, beispielsweise auf Managementkonferenzen, so getan, als habe alles, was organisatorisch in die Wege geleitet wurde, bestens funktioniert. Damit soll nicht nur die eigene Erfolgsorientierung unterstrichen werden; zurückgehalten wird auch ein Wissen um Nachteile und Schwierigkeiten, das in praktischer Hinsicht besonders wertvoll ist

Es gibt in den Unternehmen ein begründetes Misstrauen, dass sie andere bei der Entwicklung von organisatorischen Innovationsideen unterstützen, ohne selbst einen entsprechenden Gegenwert dafür zu erhalten. Sie schützen sich gegen dieses Risiko durch eine Art Selbstkontrolle, die weitgehend sicherstellt, dass die gegenseitige Balance of Information gewahrt bleibt.

Best-Practice-Orientierung

Die heute nicht nur in Unternehmen, sondern auch bei Beratern und Wissenschaftlern weit verbreitete Auffassung, es gäbe zur Lösung einzelner organisatorischer Problemstellungen keinen „One Best Way", sondern immer nur mehrere „Own Best Ways", schafft weder Orientierung, noch hilft sie den Unternehmen dabei, ihr kreatives Ideenpotenzial zu mobilisieren. Wer nicht den Ehrgeiz hat, beste Ideen und Lösungen zu entwickeln, strengt sich dabei weniger an als derjenige, der Bester werden will. Ob eine Idee oder Lösung nach strengen Kriterien immer die beste ist, ist dabei von eher nachgeordneter Bedeutung. Entscheidend ist, dass nach der besten Lösung gesucht und ein entsprechender Wettbewerb in Gang gesetzt wird.

Häufig mögen, wie organisationswissenschaftliche Untersuchungen immer wieder zeigen, mehrere Wege nach Rom führen; und was für den einen ein guter Weg ist, mag für den anderen ein schlechter sein. Das heißt aber nicht, dass von vornherein alle Wege gleich lang und gleich beschwerlich sind. Dieser Eindruck wird jedoch vermittelt, wenn in wissenschaftlichen Untersuchungen darüber berichtet wird, dass heute jedes Unternehmen seinen je eigenen, spezifischen Weg der organisatorischen Erneuerung geht. Dies mag faktisch zwar durchaus richtig sein, hilft den Unternehmen aber nicht viel weiter, weil sie sich mit keiner wirklichen organisatorischen Herausforderung mehr konfrontiert sehen. Die Botschaft des „Own Best Way" wirkt insofern als eine Self-Fulfilling-Prophecy, mit der sich die Unternehmen davor schützen, sich in einen Wettbewerb um die beste

Lösung zu begeben. Im Ergebnis gibt es dann in der Tat nur noch Einzellösungen, die für sich genommen zwar gut sein mögen, aber keinen normativen Anspruch auf Allgemeingültigkeit und höchste Qualität erheben können.

Die Unternehmen dürfen sich daher nicht der Anstrengung entziehen, die guten von den schlechten Wegen zu unterscheiden, nur weil jedermann irgendwann in Rom ankommen wird. Und sind erst die besseren Wege oder vielleicht sogar der beste Weg gefunden, kann kein Unternehmen es sich auf Dauer leisten, die schlechteren weiterhin zu gehen. Wettbewerb kommt ohne Vielfalt nicht aus; Vielfalt heißt aber nicht, dass alle Lösungen gleich gut sind und deswegen die Suche nach der besten Lösung einfach aufgegeben werden darf.

Nonkonformismus und Teamarbeit

Innovative Organisationsideen werden in den Unternehmen häufig von Einzelpersonen angestoßen, die aus unterschiedlichsten Gründen mit den vorhandenen Strukturen und Abläufen unzufrieden sind. Darin kommt der objektive Sachverhalt zum Ausdruck, dass Veränderungen immer etwas mit Normabweichungen zu tun haben. Abweichungen von der Norm sind von Natur aus Einzelerscheinungen, die erst im Laufe der Zeit, wenn sich eine Innovation durchgesetzt hat, zu einem Kollektivphänomen werden. Eine Voraussetzung für die Entwicklung innovativer Organisationsideen ist daher zweifellos das Vorhandensein mutiger Nonkonformisten, die sich nicht scheuen, Bestehendes in Frage zu stellen, und dazu in der Lage sind, neue Ideen zu entwickeln. Dafür müssen sie über entsprechende Freiräume verfügen, die sie sich entweder selbst erkämpfen oder die ihnen von vornherein gewährt werden.

Organisatorische Veränderungen betreffen aber in ihren Konsequenzen niemals nur die Nonkonformisten allein, sondern mehr oder weniger viele andere Führungskräfte und Mitarbeiter. Die Nonkonformisten bedrohen insofern gleichsam andere, die deswegen in besonderer Weise auf der Hut sind und versuchen, das innovative Gedankengut der Nonkonformisten möglichst unter Kontrolle zu halten. In einem funktional stark verzweigten Unternehmen, in dem ein Bereich auf den anderen angewiesen ist, haben es Nonkonformisten besonders schwer. Sie sind von Aufpassern umstellt, die peinlich darauf achten, dass sie nicht von neuen Ideen und Ansätzen überrollt werden, die ihnen auf irgendeine Weise zum Nachteil gereichen könnten. Hinzu kommt, dass organisatorische Veränderungen in aller Regel gerade für Führungskräfte mit Mehrarbeit verbunden sind, was auch eher dazu Anlass gibt, jede innovative Idee nach Möglichkeit schon im Keime zu ersticken.

Mit dem Kopf durch die Wand ist es daher bisher noch kaum einem Nonkonformisten gelungen, seinen organisatorischen Ideen Aufmerksamkeit und Geltung zu verschaffen. Die Ideengenerierung muss zwar von einzelnen angestoßen werden, diese müssen aber darauf hinwirken, dass der Generierungsprozess möglichst umgehend zu einem gemeinschaftlichen Akt wird. Gefordert ist daher nicht nur Nonkonformismus, sondern auch Teamarbeit, was sich nicht so einfach miteinander verbinden lässt. Nonkonformisten sind in der Regel eher Einzelgänger, die sich bewusst den Konformitätszwängen von Teamarbeit zu entziehen suchen. Je stärker sie dies in einem Unternehmen indes tun, desto geringer die Wahrscheinlichkeit, dass sie den Rückhalt bei anderen finden, auf deren Unterstützung sie früher oder später in jedem Fall angewiesen sind.

Dennoch gibt es nicht nur in der Theorie, sondern auch in der Wirklichkeit die innovativen Teamplayer, denen es gelingt, Bestehendes in Frage zu stellen, neue Ideen zu kreieren und Mitstreiter um sich zu scharen, die sich ihre Ideen zu eigen machen und mit ihren eigenen Ideen weiter anreichern. Sie bilden keine Mehrheit, was aber auch gar nicht nötig ist; denn meist genügt es, wenn es in einem Unternehmen einige wenige Manager gibt, die entsprechende Eigenschaften besitzen und einsetzen. Sie sind die Speerspitze der Treiber der Veränderungsprozesse, ohne die nichts in Bewegung kommt.

Kontinuierliche Verbesserung

In der Regel handelt es sich bei den innovativen Teamplayern nicht um Visionäre, wie sie Noel Tichy in seiner „Regieanweisung für Revolutionäre" (Tichy 1995) beschrieben hat. Selten kommt es in den Unternehmen nämlich, wie Jochen Barthel schreibt, „zu radikalen Innovationen, mit denen die bisherigen Entwicklungen nicht inkremental verbessert, sondern neue Lösungen möglich werden." (Barthel 2001, S. 70) Vorangetrieben werden neue organisatorische

Ideen eher von Managern, die mit dem Gestus auftreten, nicht alles auf einen Schlag ganz anders, wohl aber Vieles besser machen zu wollen. Nur in tiefgreifenden Krisen- und damit Ausnahmesituationen besteht in Unternehmen die Notwendigkeit, sich organisatorisch radikal zu erneuern. In der Normalsituation geht es eher darum, durch die ständige Entwicklung und Weiterentwicklung innovativer Ideen und Ansätze die organisatorischen Strukturen und Abläufe kontinuierlich zu verbessern.

Wirtschaftlichen Krisensituationen ist häufig eine lange Phase der organisatorischen Stagnation vorausgegangen, die oft nicht unwesentlich zu der Not, die abgewendet werden muss, beigetragen hat. In diesen Fällen, in denen die Ausnahme gleichsam zum Normalfall geworden ist, haben sich die Unternehmen selbst in eine Situation manövriert, aus der es möglicherweise nur noch einen radikalen Ausweg gibt. Dann sind tatsächlich Ideen und Ansätze gefordert, die so ziemlich alles auf den Kopf stellen. Je ernsthafter und kontinuierlicher jedoch ein Unternehmen innovative organisatorische Ideen und Ansätze entwickelt und verbessert, desto weniger kommt es in die Verlegenheit, plötzlich alles in Frage stellen zu müssen, was seine organisatorische Identität bislang ausgemacht hat. Die kontinuierliche Anpassung der organisatorischen Strukturen und Abläufe an die sich wandelnden Rahmenbedingungen ist daher die weit bessere Strategie, organisatorische Innovation voran zu treiben, als der radikale Paradigmen- und Systemwechsel in größeren Zeitabständen.

Bodenhaftung und Bescheidenheit

Vor den großen innovativen Visionen ist daher zu warnen. Sie sind ein Kennzeichen dafür, dass sich ein Unternehmen organisatorisch in der Sackgasse befindet und nun durch den „ganz großen Wurf" versucht, aus dieser wieder herauszukommen. Der Nachteil großartiger organisatorischer Visionen besteht häufig darin, dass sie reichlich abgehoben sind und die Mehrzahl der Führungskräfte und Mitarbeiter nicht erreichen. Das ist auch gut so, haben die entsprechenden Konzepte und Ideen doch die Bodenhaftung weitgehend verloren und würden, käme es tatsächlich zu ihrer Realisierung, womöglich mehr Schaden anrichten als den Unternehmen nutzen. Widerstände gegen innovative organisatorische Ideen können daher, wie eingangs schon erwähnt, auch sehr hilfreich und wichtig sein, tragen sie doch dazu bei, dass nicht alles, was unter der Flagge Innovation oder Vision segelt, sofort begeistert begrüßt und in Empfang genommen wird. So mancher Innovationsflop ist auch schon deswegen vermieden worden, weil sich gegen eine vermeintlich großartige Innovationsidee so viele Widerstände aufgebaut haben, dass sie nicht zum Tragen kam.

Besonders tauglich sind in aller Regel solche organisatorische Innovationsideen, die sich durch eine ausreichende Bodenhaftung und das notwendige Maß an Bescheidenheit auszeichnen. Die innovativen Ideen und Konzepte müssen die realen Arbeitsprozesse der in den Unternehmen tätigen Führungskräfte und Mitarbeiter widerspiegeln und ihnen verdeutlichen, dass sie der Verbesserung ihres Arbeitsalltags dienen. Sie dürfen keine Kopfgeburten irgendwelcher Schreibtischtäter sein, die zwar imposant wirken, aber keinen Bezug zu den alltäglichen Ablaufproblemen der Arbeit haben. Darüber hinaus dürfen sie nicht den Eindruck vermitteln, die organisatorischen Probleme mit einem Schlag und auf alle Zeiten lösen zu können, sondern deutlich machen, dass ihr praktischer Nutzen begrenzt ist und es sich nicht um Wundermittel handelt.

Verständlichkeit und Präzision

Dies schließt mit ein, dass die Ideen und Konzepte für jedermann verständlich sind und sich der Sprache und Ausdrucksformen bedienen, die dort verwendet werden, wo sie zum Einsatz kommen sollen. In jedem Unternehmen werden in den verschiedenen Bereichen und auf den verschiedenen Hierarchieebenen unterschiedliche Sprach- und Verständigungscodes verwendet. Ihnen muss schon bei der Entwicklung, spätestens aber bei der Ausformulierung der innovativen Konzepte Rechnung getragen werden, da sie sonst ihre Adressaten nicht erreichen.

Wer einen der deutschen Sprache nicht mächtigen Franzosen von etwas überzeugen will, wird nicht sehr erfolgreich sein, wenn er dies auf Deutsch versucht. Ähnliches passiert, wenn zum Beispiel ein organisatorisches Konzept für die Produktion von akademisch qualifizierten Stabsmitarbeitern ausgearbeitet wird, die der Sprache der Fabrik nicht mächtig sind. Hier sind die Verständigungsschwierigkeiten manchmal nicht minder groß wie zwischen den Vertretern unterschiedlicher Landessprachen.

Nicht nur die Entwicklung, sondern auch die Umsetzung von Innovationskonzepten ist ein in hohem Maße kommunikativer Vorgang. Die gemeinsame Sprache ist daher ein entscheidender Faktor, ohne den es kaum möglich ist, innovative Ideen und Ansätze zu transportieren. Sie müssen sich daher nach Möglichkeit der Sprache der jeweiligen Zielgruppen bedienen, die von der neuen Idee überzeugt werden sollen. Wenn unterschiedliche Zielgruppen im Visier sind, muss es unter Umständen unterschiedliche „Übersetzungen" ein und desselben Konzepts geben.

Die Sprache ist ein Werkzeug und manchmal, nicht zuletzt auch in den Kleinkriegen organisatorischer Veränderungen, eine Waffe. Es ist immer wieder erstaunlich, wie wenig Unternehmen diesem wichtigen Sachverhalt bei der Entwicklung ihrer Innovationskonzepte Rechnung tragen. Nicht selten wimmelt es von Worthülsen und missverständlichen Begrifflichkeiten, die nur deswegen Verwendung finden, weil sie gerade irgendwie en vogue sind. Die meisten Führungskräfte und Mitarbeiter haben hierfür ein untrügliches Gespür und wissen sehr wohl zwischen Ideen und Konzepten zu unterscheiden, die sie entweder als sachgerecht oder als „viel Lärm um Nichts" wahrnehmen.

Bei der Entwicklung und Ausarbeitung von Innovationskonzepten muss daher nicht nur auf sprachliche Verständlichkeit, sondern auch auf begriffliche Präzision geachtet werden. Die in vielen Unternehmen verbreitete Meinung, Worte und Begriffe seien ohnehin nur Schall und Rauch und müssten daher nicht so ernst genommen werden, entlastet zwar von einer überzogenen akademischen Wort- und Begriffsklauberei; dem steht aber gegenüber, dass Konzepte häufig begrifflich so unklar oder auch schwülstig sind, dass man sich nur wünschen kann, dass niemand sie wirklich ernst nimmt.

Eroberung der Konzepthoheit

Die hier beschriebenen Essentials bestimmen im wesentlichen den Entwicklungsprozess organisatorischer Innovationskonzepte. Ihnen muss auf die eine oder andere Weise Rechnung getragen werden, wenn ein Unternehmen sich auf den Weg macht, ein Konzept zur

Veränderung und Verbesserung seiner organisatorischen Strukturen und Abläufe zu entwickeln.

Wir erkennen daran, dass die Entwicklung organisatorischer Innovationskonzepte ein Prozess ist, der einer Sachlogik folgt, die untrennbar mit unterschiedlichen Interessen verwoben ist. Schon bei der Entwicklung einer organisatorischen Innovationsidee geht es in hohem Maße um Fragen wie:

- Wer gibt Wissen preis und wer hält es zurück?
- Wer verfügt über die ausreichenden Kontakte und wer nicht?
- Wer darf andere Unternehmen besuchen und wer nicht?
- Wer setzt sich mit seinen Ideen in den oberen Hierarchieebenen durch und wer muss mit seinen zurückstecken?
- Wer übernimmt die Federführung für die Konzeptentwicklung und wer arbeitet nur zu?
- Wer kann andere als Mitstreiter für seine Ideen gewinnen und wer wird eher isoliert?
- Wessen Ideen bestimmen die Diskussion und wessen Ideen verschwinden in der Versenkung?
- Wer darf seine Ideen den oberen Führungsebenen präsentieren und wer nicht?

Nicht erst bei der Umsetzung von organisatorischen Innovationen, sondern schon bei ihrer Entwicklung setzen die eingangs skizzierten, unumgänglichen Ziel- und Interessenkonflikte zwischen allen Betroffenen und Beteiligten ein. Es beginnt der Kampf um die Eroberung der Konzepthoheit, dessen Bedeutung gerne heruntergespielt wird, den aber viele gleichwohl mit recht harten Bandagen führen. Alle Führungskräfte und auch Mitarbeiter wissen zwar, dass Ideen und Konzepte die organisatorischen Strukturen und Abläufe alleine noch nicht verändern; ebenso wissen sie aber auch, dass jeder Veränderung eine Innovationsidee vorausgeht, die von ihren Verfechtern gegen andere Ideen und Konzepte durchgesetzt worden ist. Wer sich nicht in die manchmal luftigen Höhen der Auseinandersetzungen um Innovationsideen und -konzepte begibt, hat keine Chance, im organisatorischen Veränderungsprozess eine nennenswerte Rolle zu spielen.

Sicherung von Machtzugängen

Eine besondere Bedeutung kommt in diesem Zusammenhang dem zu, was Carl Schmitt den „Vorraum zur Macht" genannt hat. Schmitt schrieb: „Je mehr die Macht sich an einer bestimmten Stelle, bei einem bestimmten Menschen oder einer Gruppe von Menschen wie in einer Spitze konzentriert, um so mehr verschärft sich das Problem des Korridors und die Frage des Zugangs zur Spitze. Um so heftiger, verbissener und stummer wird dann auch der Kampf unter denjenigen, die den Vorraum besetzt halten und den Korridor kontrollieren. Dieser Kampf um Hebel indirekter Einflüsse ist ebenso unvermeidlich, wie er für alle menschliche Macht wesentlich ist." (Schmitt, 1994, S. 19).

Wem es nicht gelingt, die jeweilige Führungsspitze für seine Innovationsideen zu gewinnen, hat kaum Aussicht auf Erfolg. In den Vorräumen zur Macht bewegen sich aber nicht selten die heftigsten Bremser. Sie lassen nichts unversucht, um die Führungsspitze vor Neuerungen zu schützen, außer sie können sich davon selbst einen Vorteil versprechen. Die Treiber organisatorischer Veränderungen tun daher gut daran, sich in den Vorräumen zur Macht Verbündete zu schaffen, die den Durchfluss innovativer Ideen nach oben nicht blockieren. Nicht immer gibt es freilich solche Verbündete, so dass die Innovatoren vor der schwierigen Frage stehen, wie sie die Führungsspitze dennoch mit ihren Ideen vertraut machen können. Die Vorräume zur Macht zu umgehen, ist dabei eine Möglichkeit, die allerdings mit hohen Risiken verbunden ist. Nichts bestrafen die Bewohner der Vorräume zur Macht nämlich mehr, als sie zu umgehen.

Mit anderen Worten: der Zugang zur Macht ist für Innovatoren nicht alles, ohne diesen Zugang ist in Veränderungsprozessen aber alles nichts. Schon frühzeitig müssen die Treiber organisatorischer Veränderungen daher darauf hinarbeiten, sich die notwendigen Zugänge zur Führungsspitze zu verschaffen und diese für ihre Ideen und Ansätze zu gewinnen. Gelingt dies nicht, besteht wenig Aussicht auf Erfolg.

2.2 Regeln und Beispiele der Ideenfindung

Der Einfluss unterschiedlicher Interessen nimmt im Innovationsprozess zwar in dem Maße zu, wie sich ein Konzept seiner Realisierung nähert; von Anbeginn an müssen jedoch wichtige Regeln beachtet werden, die die Durchsetzung einer Innovationsidee erleichtern. Im folgenden werden daher einige der zentralen Regeln einer wirksamen Entwicklung organisatorischer Innovationskonzepte beschrieben und anhand praktischer Beispiele konkretisiert. Die Darstellung folgt dabei aus Gründen der besseren Übersichtlichkeit den beiden Schritten Ideenfindung und Konzeptausarbeitung. Im praktischen Innovationsgeschehen sind beide freilich nicht voneinander zu trennen.

Regel 1: Den Austausch von Innovationswissen forcieren

Die meisten organisatorischen Innovationsideen werden heute, wie wir schon gesehen haben, dadurch angestoßen, dass einzelne Unternehmen sich nicht nur mit den eigenen organisatorischen Strukturen und Abläufen, sondern auch mit denen anderer Unternehmen beschäftigen. Dies können Unternehmen sein, mit denen sie nicht im Wettbewerb stehen, es können aber auch direkte Wettbewerber sein. Der Vergleich mit anderen zeigt in jedem Fall, dass es alternative und möglicherweise bessere Lösungen als die eigenen gibt. Und selbst aus den organisatorischen Fehlern anderer Unternehmen lässt sich noch lernen, wie ein Unternehmen oder Unternehmensbereich möglichst nicht organisiert werden sollte. Nur wenig ist auf dem Gebiet der Organisation so veränderungshemmend wie das berüchtigte „Braten im eigenen Saft".

Vorreiter auf dem Gebiet des gezielten und systematisch betriebenen Austausches von organisatorischem Innovationswissen ist wohl die Automobilindustrie. Sie hat seit den neunziger Jahren unter den Titeln Benchmarking und Best-Practice-Sharing auf nationaler wie internationaler Ebene einen fachlichen Erfahrungsaustausch unter Wettbewerbern aufgebaut, den Außenstehende kaum für möglich halten. Mittlerweile gibt es in dieser Branche eine Vielzahl von Netzwerken, die zu unterschiedlichen Themenstellungen gemeinsame Treffen, Workshops, Seminare oder selbst Konferenzen veranstalten. Hinzu kommen gegenseitige Werksbesuche, bei denen den Konkurrenten ein weitgehend offener Einblick in die jeweiligen Organisationsstrukturen und die Ansätze zu ihrer Verbesserung gewährt wird. Das Innovationswissen wird also keineswegs mehr sorgsam gehütet, sondern mehr oder weniger offen ausgetauscht.

Selbstverständlich muss im Einzelfall immer abgewogen werden, was preisgegeben wird und was nicht. Das bleibt jedem Unternehmen selbst überlassen. Entscheidend ist jedoch, dass in immer mehr Unternehmen die Überzeugung wächst, dass man ohne die Preisgabe eigenen Innovationswissens am Ende mehr verliert als gewinnt. Es ist daher zu vermuten, dass Unternehmen oder auch ganze Branchen, wie zum Beispiel die Automobilindustrie, es unter anderem der Öffnung ihrer Wissensmärkte zu verdanken haben, dass sie heute zu den Vorreitern organisatorischer Innovationen zählen und sich dadurch im internationalen Wettbewerb erfolgreich behaupten konnten. Unternehmen und Branchen, die demgegenüber einen überkommenen Wissensprotektionismus pflegen, hinken dem Innovationsgeschehen eher hinterher und stehen damit in Gefahr, über kurz oder lang vom Zug der Zeit abgehängt zu werden und dem Wettbewerb nicht mehr gewachsen zu sein.

Es ist zunächst im wesentlichen eine Aufgabe des Topmanagements, den organisatorischen Erfahrungsaustausch zu forcieren. Erst wenn die Unternehmensleitungen den nachgeordneten Ebenen deutlich machen, dass es nicht automatisch Geheimnisverrat ist, wenn sie im Austausch von Informationen mit anderen Unternehmen auch Informationen über das eigene Unternehmen preisgeben, entsteht das für Benchmarking und Best-Practice-Sharing notwendige Klima. Darüber hinaus dürfen die Unternehmensleitungen den Informationsaustausch nicht als ein Privileg einiger weniger, möglichst hochrangiger Manager behandeln, sondern es gleichsam zur Pflicht aller Führungsebenen machen, die dafür notwendigen Kontakte und Netzwerke aufzubauen.

Häufig bestehen solche Kontakte gerade zwischen Managern von Unternehmen gleicher Branchen. Man kennt sich noch aus Studienzeiten oder hat sich bei Managerseminaren getroffen. Diese Kontakte sind jedoch eher informeller Natur und tragen manchmal fast schon konspirative Züge. Die eigenen Vorgesetzten sollen nicht wissen, dass man sich mit Kollegen von Wettbewerbern sporadisch austauscht und diesen dabei natürlich die eine oder andere Information weitergibt. Gleichzeitig weiß jedoch jedermann, nicht zuletzt auch der eigene Vorgesetzte, dass gerade diese Kontakte sehr nützlich sein können, da man über sie an Informationen gelangt, die man sonst nicht bekommt.

Letztlich geht es also darum, informelle Kontakte stärker in formelle Netzwerke zu transformieren. Was vielfach mehr oder weniger im Verborgenen läuft und den Geruch des Illegitimen hat, muss legitimiert und bis zu einem gewissen Grade auch organisiert werden. Das geschieht am besten dadurch, dass zum Beispiel gegenseitige Besuche organisiert werden und die daraus resultierenden Besuchsberichte nicht als Geheimdossiers behandelt, sondern im eigenen Unternehmen breit gestreut werden. Jedermann muss wissen, dass Vergleiche mit anderen Unternehmen, insbesondere Wettbewerbern, angestellt werden und erfahren, was man von ihnen lernen kann. Gleichzeitig müssen die Besuche anderer, auch konkurrierender Unternehmen im eigenen Unternehmen forciert werden. Dies verdeutlicht den eigenen Führungskräften und Mitarbeitern nicht nur, dass das eigene Unternehmen Informationsweitergabe nicht scheut, sondern dass es auch etwas zu zeigen und zu bieten hat.

Praxisbeispiel

Um die zwischen den Automobilherstellern herrschende Offenheit im Austausch über organisatorische Veränderungen auch auf die Zulieferer zu übertragen, haben die Arbeitgeberverbände Südwestmetall und Hessen Metall gemeinsam mit einer Unternehmensberatung eine Workshopreihe in einigen Hersteller- und Zulieferwerken der Automobilindustrie durchgeführt. Teilnehmer waren Fach- und Führungskräfte anderer Hersteller und Zulieferer. In den einzelnen Workshops wurden unterschiedliche organisatorische Veränderungsmaßnahmen vorgestellt, vor Ort besichtigt und mit den zuständigen Führungskräften diskutiert. Die Veranstaltung war nach folgenden Prinzipien gestaltet:

* *die Unternehmen präsentieren im eigenen Haus innovative organisatorische Ansätze, die sie erfolgreich umgesetzt haben;*

- *die Präsentation erfolgt durch Praktiker, die über ausreichend Erfahrung mit dem organisatorischen Ansatz verfügen;*
- *bei der Präsentation wird sowohl über die Schwierigkeiten berichtet, die sich bei der Umsetzung ergaben, wie auch über die Wege zu ihrer Lösung;*
- *die Teilnehmer bewerten die jeweiligen Ansätze in Hinblick auf ihre Vor- und ihre Nachteile und machen selbst Vorschläge zu ihrer Verbesserung;*
- *die Teilnehmer legen eigene Best-Practice-Lösungen offen und bieten sich als Anschauungsbeispiele für weitere Workshops an;*
- *bilaterale Kontakte werden dazu genutzt, den Erfahrungsaustausch weiter zu intensivieren und das gewonnene Wissen zu vertiefen;*
- *die Informationen werden systematisch aufbereitet, dokumentiert und allen zur Verfügung gestellt.*

Die Gesamtergebnisse der Workshopreihe wurden in einem Buch zusammengefasst und publiziert (IfaA 2002).

Die Resonanz auf die Veranstaltung war bei den Teilnehmern so positiv, dass einzelne Unternehmen vorschlugen, die Veranstaltung mit Besuchen in ihren Werken fortzusetzen, was inzwischen auch der Fall ist. Unternehmen, die zunächst nur teilgenommen hatten, um von anderen Informationen zu erhalten, boten sich nun selbst als Informationsgeber an. Damit war genau das eingetreten, was die Veranstalter unter anderem bewirken wollten. Best-Practice-Sharing wurde als eine Methode erkannt und angenommen, mit deren Hilfe sich organisatorische Innovationsideen wirksam generieren lassen. Viele der Teilnehmer hatten nämlich eine Vielzahl von Anregungen für organisatorische Verbesserungen mit in ihre Unternehmen genommen, die sie dort weiter ausarbeiteten und umsetzten.

Regel 2: Den Blick auf das Einfache richten

Unabhängig von der Frage, wie und von wem der Wissensaustausch organisiert wird, – entscheidend ist für die Unternehmen immer zweierlei: das Innovationswissen muss möglichst authentisch und möglichst frisch sein. Authentizität gewinnt organisatorisches Innovationswissen vor allem dann, wenn es von Personen vermittelt wird, die die jeweilige Innovation mit entwickelt und umgesetzt haben. Dies können Fach- und Führungskräfte in den Unternehmen, aber auch Berater sein, die im Innovationsprozess unmittelbar aktiv waren. Entscheidend ist allemal, dass das Wissen nicht von Personen vermittelt wird, die es nie selbst praktisch angewendet haben. Konzepte werden von den Unternehmen vor allem dann ernst genommen, wenn sie von Leuten dargeboten werden, die in der eigenen Person Theorie und Praxis miteinander verbinden. Wo diese Verbindung nicht gegeben ist, wird im Zweifelsfall dem Praktiker mehr geglaubt als dem Theoretiker.

Authentizität ist somit ein Qualitätsmaßstab, der bei der Generierung von Innovationsideen eine außerordentlich große Rolle spielt. Immer häufiger werden Fachleute mit der Frage konfrontiert: „Haben Sie Folien oder etwas zu sagen?" Damit wird in den Unternehmen auf den Sachverhalt reagiert, dass sie mittlerweile mit einer stetig anschwellenden Menge organisatorischer Innovationsideen und -konzepte konfrontiert werden, von denen nicht erwiesen ist, dass sie auch wirklich praktikabel sind. Der Markt für organisatorische Ideen und Konzepte wird zunehmend unübersichtlicher und ist mittlerweile von zweifelhaften Moden geprägt, die zurecht auf eine wachsende Skepsis stoßen.

Für die Unternehmen wird es daher immer wichtiger, die Spreu vom Weizen zu trennen. Das ist alles andere als einfach, bestechen doch gerade viele der weniger seriösen Ideen und Konzepte nicht nur durch ihre schmucke Aufmachung, sondern auch durch ihre immensen Versprechungen hinsichtlich ihrer wirtschaftlichen und sonstigen Effekte. Dabei steht außer Frage, dass mittels organisatorischer Maßnahmen häufig erhebliche Verbesserungen erzielt werden können. Dabei handelt es sich in der Regel aber nicht um die ganz großen Würfe, sondern um relativ bescheidene Maßnahmen, auf die man ohne weiteres durch den gesunden Menschenverstand kommen kann.

Bei der Generierung von organisatorischen Innovationsideen geht es häufig um die einfachen Dinge, die aber offenkundig ziemlich schwer zu entdecken sind. Meist sind sie durch eingeschliffene Organisationsroutinen, nicht selten aber auch durch eine kaum nachvollziehbare Komplexität der Strukturen und Abläufe verdeckt, die noch zusätzlich durch hochtrabende und unverständliche Konzepte verbrämt werden. Der klare und nüchterne Blick auf die alltäglichen Strukturen und Abläufe wird eher vernebelt als aufgehellt, wenn sich ein Unternehmen zum Beispiel dazu entschlossen hat, sich nach innen und außen als Vorreiter eines bestimmten Organisationskonzepts zu präsentieren und dafür eine neue Vision entwickelt hat, die mehr der Selbstdarstellung als irgend etwas anderem dient.

Das Management muss daher nach solchen innovativen Ideen und Konzepten suchen, die nicht den Himmel auf Erden versprechen und die jedermann verstehen kann. Es muss das Augenmerk auf die alltäglichen Strukturen und Abläufe richten und bei seinen Benchmark-Reisen mit jenen Führungskräften und Mitarbeitern in Kontakt treten, die in diesen Strukturen und Abläufen arbeiten. Sie wissen um die Vor- wie aber auch um die Nachteile ihrer organisatorischen Lösungen und scheuen sich nicht, diese auch beim Namen zu nennen. Mit anderen Worten: man muss versuchen, in das wirkliche organisatorische Leben anderer Unternehmen einzutauchen, und dort nach jenen Punkten suchen, die einem das eigene organisatorische Leben schwer machen. Haben die besuchten Unternehmen an diesen Punkten weniger Probleme als das eigene Unternehmen, ist dies ein untrüglicher Hinweis darauf, dass sie auch die bessere organisatorische Lösung haben.

Hilfreich ist es daher allemal, wenn sich Manager auf die Besuche bei anderen Unternehmen mit einer Liste all derjenigen Schwierigkeiten und Probleme vorbereiten, mit denen sie täglich zu kämpfen haben. Sie können dann ihre Gesprächspartner fragen, ob sie ähnliche oder gleiche Probleme haben. Wenn dies nicht der Fall ist, sind sie wahrscheinlich auf organisatorische Lösungen gestoßen, die besser als die eigenen sind. Ihnen sollte dann unbedingt nachgegangen werden.

Praxisbeispiel

Bei einem Automobilzulieferer ist auf Initiative des neuen Werkleiters vom oberen Management ein umfassendes Konzept zum Total Quality Management (TQM) verabschiedet worden. Unmittelbarer Anlass war die sich stetig verschlechternde Qualität, was in Einzelfällen schon dazu geführt hatte, dass Kunden verloren gingen. Der bisherige Werkleiter war deswegen seines Amtes enthoben und durch jemanden ersetzt worden, der von einem anderen Unternehmen kam.

Das Konzept wurde auf Wunsch des neuen Werkleiters in seinen wesentlichen Bestandteilen von einem Beratungsunternehmen entwickelt, das sich auf diesem Gebiet einen Namen gemacht hatte. Mehrere andere, zum Teil sehr renommierte Unternehmen hatten dasselbe Konzept auch schon eingeführt, unter anderem eines, in dem auch der Werkleiter schon einmal gearbeitet hatte. Deswegen und um einen allzu großen eigenen Entwicklungsaufwand zu vermeiden, entschloss sich das obere Management, das angebotene Konzept ohne größere Änderungen zu übernehmen.

Es wurde ein entsprechendes TQM-Handbuch erstellt, in dem die wesentlichen Ziele, Inhalte und Methoden beschrieben wurden. Darüber hinaus wurde ein Steuerkreis eingerichtet und ein Projektleiter eingesetzt, die gemeinsam die Umsetzung des Projekts vorantreiben sollten. Um dem Projekt den notwendigen Schwung zu verleihen, wurden überall im Unternehmen TQM-Plakate aufgehängt und TQM-Buttons an alle Führungskräfte und Mitarbeiter verteilt. Der Werkleiter erklärte auf eigens einberufenen Mitarbeiterversammlungen, dass man mit diesem Projekt nicht nur bei den Produkten, sondern in sämtlichen Arbeitsprozessen ein Qualitätsniveau erreichen werde, das kein Wettbewerber vorzuweisen habe. Diese Erfahrung habe er in einem vergleichbaren Fall schon einmal gemacht.

Ein Jahr zuvor war von dem Vorgänger des neuen Werkleiters eine kleine Gruppe von Fach- und Führungskräften damit beauftragt worden, den schon zu dieser Zeit erkennbaren Qualitätsproblemen nachzugehen und ein Konzept für ein verbessertes Qualitätsmanagement zu entwickeln. Sie nahmen zu diesem Zweck unter anderem Kontakt mit anderen Unternehmen auf, die ihnen hinsichtlich der Produktstruktur, technischen Ausstattung und organisatorischen Struktur weitgehend glichen und für ihre gute Produktqualität bekannt waren. Auf diese Weise konnten drei Unternehmen besucht werden, deren betriebliche Führungskräfte und Qualitätsmanager über ihre Qualitätsprozesse offen Auskunft erteilten. An den Besuchen nahmen unter anderem auch Meister aus der Produktion und der Qualitätssicherung teil, die so Gelegenheit bekamen, sich mit den Fachleuten der besuchten Unternehmen direkt auszutauschen.

Die Arbeitsgruppe kam zu dem Ergebnis, dass die vorbildliche Qualität vor allem in einem der drei besuchten Unternehmen insbesondere darauf zurückgeführt werden konnte, dass dort nicht nur eine konsequente Werkerselbstprüfung praktiziert, sondern diese auch durch Zielvereinbarungen bis auf Mitarbeiterebene und eine qualitätsgerechte Entlohnung unterstützt wurde. Im eigenen Unternehmen war vor Jahren zwar auch eine Werkerselbstprüfung eingeführt worden, die Schnittstellen zwischen Produktion und Qualitätssicherung waren dadurch jedoch eher undeutlich geworden. Außerdem konnten mit den Mitarbeitern keine Qualitätsziele vereinbart werden, die auch entgeltrelevant waren.

Die Arbeitsgruppe machte der Werkleitung daher den Vorschlag, die Schnittstellen zwischen Produktion und Qualitätswesen genauer zu beschreiben, die Werkerselbstprüfung dadurch zu verbessern und durch Zielvereinbarungen sowie ein entsprechendes Entgeltsystem zu unterlegen. Sollte es zu keinen Zielvereinbarungen und einem entsprechenden Entgeltsystem kommen, wurde vorgeschlagen, die Werkerselbstprüfung möglichst umgehend wieder aufzugeben und durch regelmäßige Qualitätskontrollen seitens der Qualitätssicherung zu ersetzen. Nur so sei dann auch kurzfristig eine deutliche Qualitätsverbesserung zu erreichen.

Letzteres widersprach nun allerdings diametral dem inzwischen verabschiedeten TQM-Konzept, dessen Kernbestandteil unter anderem die Werkerselbstprüfung war. Der Vorschlag der Arbeitsgruppe wurde daher nicht weiterverfolgt, was sich in der Belegschaft schnell herumsprach. Niemand auf den mittleren und unteren Ebenen des Unternehmens konnte nachvollziehen, warum ein einfaches, von eigenen Fachleuten erarbeitetes Konzept durch ein anderes, von fremden Fachleuten erarbeitetes Konzept ersetzt werden sollte. Letzteres wurde in der Folge immer stärker als sachfremd und untauglich kritisiert.

Nachdem etwa ein Jahr später die Produktqualität sich immer noch nicht merklich verbessert hatte, wurde von der Geschäftsführung nicht nur das TQM-Konzept, sondern auch der neue Werkleiter wieder aus dem Verkehr gezogen. Seine Stelle nahm der bisherige Produktionsleiter ein, der sich für das Konzept der Arbeitsgruppe eingesetzt hatte und dieses dann auch mit gutem Erfolg realisierte.

Regel 3: Den Wald auch trotz der Bäume sehen

In vielen Unternehmen herrscht die Vorstellung vor, sie seien hinsichtsichtlich ihrer Produkte, ihrer Mitarbeiterstrukturen, ihrer Technologien, ihrer Traditionen und Kultur absolut einmalig. Immer wieder ist daher von Managern die Aussage zu hören: „Wir sind mit anderen nicht vergleichbar." Gemeint ist damit in der Regel, dass das eigene Unternehmen, zum Beispiel aufgrund einer anderen Produktstruktur oder eines anderen Automatisierungsniveaus, mit anderen Unternehmen nicht gleichzusetzen sei.

Würde man ungleiche Unternehmen indes nicht miteinander vergleichen, ließen sich derlei Unterschiede gar nicht feststellen. Dasselbe gilt für die Gemeinsamkeiten, die auch nur dann zu Tage treten, wenn man zum Beispiel beim Vergleich zwischen einem Apfel und einer Birne feststellt, dass es sich in beiden Fällen um Obst handelt. Dies bedarf freilich schon eines etwas eingehenderen analytischen Vergleichs, bei dem unter anderem deutlich werden kann, dass scheinbar Verschiedenes sich in mancher Hinsicht gleicht.

Mit anderen Worten: ob in einem Unternehmen tausend gleiche Schweinehälften oder tausend gleiche Autos am Tag hergestellt werden, macht zwar für die Kunden einen erheblichen Unterschied, nicht aber unbedingt für die Frage des innerbetrieblichen Weitertransports der Produkte. Hier lässt sich manches von der Schweinehälfte auf das Auto übertragen, wofür man allerdings einen gewissen Blick haben muss. Der darf nicht dadurch verstellt sein, dass man von vornherein davon ausgeht, dass die Produktion von Schweinehälften mit der von Automobilen nicht vergleichbar sei. Entscheidend ist vielmehr, dass das Augenmerk auf die Gemeinsamkeiten von Dingen gerichtet wird, die auf den ersten Blick als völlig verschieden erscheinen.

Nur so wird es möglich, dass Unternehmen Ideen und Lösungen von anderen auf sich selbst übertragen. Sie müssen in den anderen gleichsam sich selbst erkennen, um überhaupt in der Lage zu sein, von ihnen zu lernen. Häufig wird allein schon angesichts der Vielfalt und Komplexität der eigenen organisatorischen Strukturen und Abläufe jedoch der Wald vor lauter Bäumen nicht mehr gesehen. Das Wesentliche wird dadurch aus dem Auge verloren.

Manager müssen sich selbst und ihre Mitarbeiter daher dazu an- halten und trainieren, den Blick nicht nur auf die Unterschiede, son- dern auf das Gemeinsame zu richten. Sie müssen bei ihren Bench- mark-Reisen und Best-Practice-Vergleichen vor allem herausarbei- ten, dass die organisatorischen Aufgaben- und Problemstellungen in den Unternehmen häufig die gleichen sind, während sie sich in den Lösungen voneinander unterscheiden. Wenn sich die Aufgaben und Probleme indes weitgehend gleichen, spricht viel dafür, dass andere als die eigenen Lösungen auch möglich sind. Diese mögen zwar wiederum an spezifische Voraussetzungen gebunden sein, die erst noch geschaffen werden müssen; gerade dies regt jedoch die innova- tive Phantasie und Kreativität weit stärker an, als das Beharren auf der absoluten Einmaligkeit.

Das scheinbar Unmögliche kann sehr schnell zu einer Möglichkeit werden, wenn gesehen wird, dass andere das Unmögliche längst praktizieren. Dieser Effekt stellt sich aber nur ein, wenn sich ein Un- ternehmen in anderen gewissermaßen wiedererkennt, sich mit ihnen also gleichsetzt. Manager müssen daher ihre Unternehmen mit ande- ren Unternehmen gleichsetzen und zugleich betonen, dass die dort praktizierten anderen organisatorischen Lösungen deswegen sehr wohl auf das eigene Unternehmen anwendbar sind. Dies sollten sie selbst auf die Gefahr hin tun, dass die Übertragbarkeit nicht unbe- dingt gegeben ist. Häufig reichen jedoch gewisse Modifikationen an den Lösungen anderer Unternehmen, um dies zu ändern. Im Zwei- felsfall ist es allemal besser, alternative Lösungen überhaupt in den Blick genommen zu haben als sie überhaupt nicht zu kennen.

Praxisbeispiel

Ein Trägerverband für Kranken- und Pflegedienstleistungen stand aufgrund der Kostenexplosion im Gesundheitswesen seit Jahren un- ter einem zunehmenden Rationalisierungsdruck. Zu einem immer größeren Problem waren die steigenden Verwaltungskosten gewor- den, die sich aus einer vielgliedrigen, in starkem Maße zentralistisch aufgebauten Bürokratie ergaben. Die organisatorischen Strukturen und Abläufe waren seit Jahren weitgehend unverändert geblieben und hatten zu langwierigen und ineffizienten Verwaltungsabläufen geführt. Die Kranken- und Pflegediensteinrichtungen waren in ihren

*Entscheidungen stark eingeschränkt und verfügten über eine nur ge-
ringe eigene Kostenverantwortung. Zwischen der zentralen Verwaltung und den dezentralen Einrichtungen kam es immer wieder zu erheblichen Spannungen, weil der Kostendruck von der zentralen
Verwaltung an die Einrichtungen weitergegeben wurde, ohne dass
die zentrale Verwaltung selbst effizienter gestaltet wurde.*

*Der Vorstandsvorsitzende des Verbandes schlug seinen Vor-
standskollegen daher vor, die Verwaltungsarbeit stärker zu dezent-
ralisieren und innerhalb des Verbandes mehr Wettbewerbs- und
Marktprinzipien einzuführen. Die Kranken- und Pflegeeinrichtungen
sollten stärker nach unternehmerischen Gesichtspunkten geführt
werden. Dafür sollten sie mehr Entscheidungskompetenzen erhalten,
die bislang der zentralen Verwaltung vorbehalten waren. Er verwies
in diesem Zusammenhang auf ähnliche Vorgehensweisen in Großunternehmen, von denen er auf einem Seminar über Verwaltungsmo-
dernisierung erfahren hatte.*

*Von den meisten seiner Vorstandskollegen wurde gegen diesen
Vorschlag eingewendet, ein Sozialverband sei grundsätzlich etwas
völlig anderes als ein Wirtschaftsunternehmen. Unternehmen seien
auf die Gewinnerzielung ausgerichtet, während ihre Einrichtungen
dem Dienst am Menschen verpflichtet seien. Dieser dürfte nicht be-
triebswirtschaftlichen Zielen geopfert werden. Die Pflege kranker
und älterer Menschen könne nicht nach wirtschaftlichen
Effizienzkriterien erfolgen. Überdies würden in einem Sozialverband
weit mehr als in einem Unternehmen gesetzliche Bestimmungen die
Abläufe bestimmen, was einer Dezentralisierung von Entscheidungsbefugnissen enge Grenzen setze.*

*Der Vorsitzende schlug vor, sich mit diesen Fragen im Vorstand
intensiver zu beschäftigen und dafür einen Referenten einzuladen,
der selbst schon Dezentralisierungsprojekte in Wirtschaftsunternehmen durchgeführt hatte. Die Diskussion mit diesem Referenten
zeigte dem Vorstandsgremium, dass es bei allen Unterschieden zwischen ihrem Verband und Wirtschaftsunternehmen insbesondere in
Fragen der Verwaltungsabläufe erhebliche Übereinstimmungen
gab. Als überraschend wurde vor allem gewertet, dass die über-
kommene Budgetsteuerung in Unternehmen sich von derjenigen des
eigenen Verbandes in vieler Hinsicht gar nicht unterscheidet. Der
Vorstand beschloss daraufhin, mit zwei Unternehmen Kontakt auf-*

zunehmen, um sich vor Ort mit den dortigen Fachleuten noch inten-
siver über deren Reorganisationsansätze auszutauschen. Besucht
wurde ein Automobil- und ein Chemieunternehmen.

Aus beiden Besuchen wurden eine ganze Reihe von ersten Ideen
mitgebracht, wie sich die Abläufe sowohl in der Zentrale wie auch in
den Einrichtungen verbessern ließen. Besonders beeindruckt hat die
Besucher der Ansatz, alle Abläufe nach Kernprozessen und zuge-
ordneten Prozessen zu unterteilen, um auf diese Weise Möglichkei-
ten zu erhalten, die Prozessverantwortungen zu stärken und Ver-
schwendung in den Abläufen zu identifizieren. Darüber hinaus
fanden sie die Ansätze zur Mitarbeiterbeteiligung bei der Aufde-
ckung von Schwachstellen und deren Beseitigung auf ihren Verband
übertragbar.

Schon wenige Wochen nach den Besuchen wurde eine interne Ar-
beitsgruppe mit der Ausarbeitung eines Reorganisationskonzepts
beauftragt, in das einige Ideen und Ansätze einflossen, die von den
besuchten Unternehmen mitgenommen worden waren.

Regel 4: Die eigenen Innovationsbestände sichten

Es ist immer wieder erstaunlich, wie wenig bekannt in den Unternehmen all diejenigen organisatorischen Veränderungsmaßnahmen
sind, die sie im Laufe der Jahre selbst durchgeführt haben. Insbesondere in größeren Unternehmen mit mehreren nationalen und internationalen Standorten fehlt häufig der Überblick über die organisatorischen Innovationsansätze, die mit mehr oder weniger Erfolg
praktiziert werden. Ihre Manager richten bei ihrer Suche nach neuen
Ideen häufig den Blick nach außen in andere Unternehmen, obwohl
sie auch im eigenen Unternehmen schneller und mit weniger Aufwand durchaus fündig werden können.

Zu beobachten ist in vielen Unternehmen eine eigentümliche Igno-
ranz, was die eigenen Innovationserfahrungen betrifft. Nicht zufällig
wird zum Beispiel gesagt: „Wenn Siemens wüsste, was Siemens
weiß." Der Name Siemens steht dabei nur stellvertretend für die
meisten Großunternehmen, die sich ihres eigenen Reichtums an
Ideen und Ansätzen gar nicht bewusst sind. Offenkundig macht die
Binnensicht dafür eher blind. Manchmal kennen sich einzelne Ma-

nager in den organisatorischen Strukturen und Abläufen ihrer Wettbewerber besser aus als mit denjenigen des eigenen Unternehmens.

Das ist zum einen darauf zurückzuführen, dass insbesondere das operative Management häufig nur selten Gelegenheit bekommt, die Standorte anderer Geschäftsbereiche zu besuchen. Kontakt wird in aller Regel bestenfalls zu den Schwesterwerken gehalten, mit denen interne Kunden- oder Lieferantenbeziehung bestehen. Darüber hinaus führt gerade der in den letzten Jahren forcierte interne Wettbewerb zwischen den Standorten ein und desselben Unternehmens dazu, dass der Informationsaustausch hinsichtlich der organisatorischen Strukturen und Abläufe eher spärlich ist. Denn warum sollte zum Beispiel ein Produktionswerk, das mit anderen um Investitionen und Nachfolgeprodukte im internen Wettbewerb steht, diesen aufzeigen, wie es sich durch organisatorische Verbesserungen jene Produktivitätsfortschritte erarbeitet hat, die ihm die notwendigen Vorteile gegenüber den anderen Standorten verschaffen?

Die Stärkung von Markt- und Wettbewerbsprinzipien innerhalb der Unternehmen führt bei deren Managern zwangsläufig zu einem Wettbewerbsverhalten, das den internen Informationsaustausch nicht gerade beflügelt. Das spricht nicht gegen Markt und Wettbewerb im Unternehmen, zeigt aber, dass die vielgepriesene offene Unternehmenskultur alles andere als ein Selbstläufer ist, sondern von den Unternehmensleitungen gezielt organisiert werden muss. Nur so wird es möglich, die Transparenz über die organisatorischen Strukturen und Abläufe im eigenen Unternehmen nicht zu verlieren und das eigene Innovationswissen zu nutzen, das häufig reichhaltig vorhanden ist.

Es müssen nicht immer aufwändige Benchmark-Reisen zu anderen Unternehmen stattfinden, um in Erfahrung zu bringen, wie die Abläufe verbessert werden können. Häufig reicht es auch einfach, wenn im eigenen Unternehmen die Best-Practice-Beispiele ausfindig gemacht werden, die als Standards für alle genutzt werden können. Warum also in die Ferne schweifen, wenn das Gute liegt so nah?

Dass viele Manager es lieber sehen, wenn entsprechende Beispiele aus anderen als aus dem eigenen Unternehmen bekannt gemacht werden, ist aufgrund des Wettbewerbs, dem sie auch persönlich untereinander ausgesetzt sind, zwar nachvollziehbar; gerade deswegen ist es aber erforderlich, dass das Topmanagement der verbreiteten Neigung entgegenwirkt, über interne Unterschiede in der Qualität

der organisatorischen Strukturen und Abläufe den Mantel des
Schweigens zu breiten. Das ist beispielsweise dadurch möglich, dass
von den Unternehmensleitungen Standards definiert werden, an denen der organisatorische Status der einzelnen Standorte gemessen
wird. Hilfreich sind ebenso Sammlungen von internen Best-Practice-
Beispielen, die den Fach- und Führungskräften an allen Standorten
zur Verfügung gestellt werden.

Praxisbeispiel

*In einem Maschinenbauunternehmen mit mehreren Standorten im
In- und Ausland sind in den letzten Jahren eine Vielzahl organisatorischer Veränderungsmaßnahmen durchgeführt worden. Die Initiative ging teilweise von der zentralen Geschäftsführung, teilweise a-
ber auch von den verschiedenen Werken selbst aus. Eine alle Werke
übergreifende Koordinierung der Maßnahmen ist nicht erfolgt.
Selbst in den Fällen, in denen die Initiative von der Geschäftsführung ausging, wurde die Umsetzung weitgehend den Werken selbst
überlassen. Dies führte dazu, dass der Überblick über die jeweiligen
Maßnahmen im Laufe der Zeit weitgehend verloren ging und sich
die Werke organisatorisch immer stärker voneinander unterschieden. Verstärkt wurde dies zusätzlich dadurch, dass neue Standorte
im Ausland errichtet wurden.*

*Vor dem Hintergrund eines zunehmenden Kosten- und Preis-
drucks beschloss die Geschäftsführung, durch eine weitere Ver-
schlankung der organisatorischen Strukturen und Abläufe zusätzliche Effizienz- und Kostenpotenziale zu erschließen. Die Geschäftsführung wollte jedoch die Standorte nicht erneut mit einem von
außen importierten Reorganisationsprogramm überziehen, sondern
das schon vorhandene Innovationspotenzial besser nutzen. Es wurden daher all jene Best-Practice-Ansätze an den einzelnen Standorten identifiziert, die sich auf alle Standorte übertragen ließen. Dieser
Übertragungsprozess wurde durch eine Auditierung des Umset-
zungsstandes in allen Werken unterstützt.*

*Nachdem das Management der einzelnen Standorte zunächst eher
zurückhaltend auf die Idee eines neuerlichen Reorganisations- und
Verschlankungsprozesses reagiert hatte, änderte sich diese skepti-
sche Haltung, als erkannt wurde, dass das Innovationswissen der*

Standorte gezielt aufgearbeitet und in der Breite genutzt werden sollte. Nicht zuletzt das mittlere und untere Management sah darin auch eine Chance, mehr über innovative Ansätze der anderen Werke zu erfahren und so den eher dürftigen internen Erfahrungsaustausch zu verbessern. Die meisten Führungskräfte waren sich sicher, dass innerhalb des Unternehmens genügend Ansätze zu finden seien, um gleichsam aus dem eigenen organisatorischen Innovationsfundus weiterführende Ansätze schöpfen zu können.

Mit Unterstützung eines Beraters wurde in den Werken in den Schwerpunkten Logistik, Qualitätssicherung, Kontinuierlicher Verbesserungsprozess und Arbeitsorganisation eine Statusanalyse durchgeführt. Anhand speziell ausgearbeiteter Checklisten wurden Führungskräfte und Mitarbeiter über den jeweiligen Umsetzungsstand befragt und Vor-Ort-Begehungen vorgenommen.

Dieses Verfahren ähnelte bekannten Auditierungsmethoden, unterschied sich von diesen jedoch dadurch, dass die Bewertungsmaßstäbe und -kriterien fall- und themenspezifisch zugeschnitten waren. Ziel war nicht die Erreichung eines Zertifikats, sondern die Identifizierung von Best-Practice-Beispielen sowie die Präzisierung von konkreten Veränderungsbedarfen.

Die Analyse führte im Ergebnis zu einer Übersicht über den unterschiedlichen Umsetzungsstand einzelner Methoden, der an alle Standorte verteilt wurde.

Logistik	Werk A	Werk B	Werk C
Kanban	⊕	⊕	⊕
Konsignationslager	⊕	⊕	⊕
Internetplattform	⊕	⊕	⊕
First In First Out (FIFO)	⊕	⊕	⊕
Standardisiertes Behälterkonzept/ Standardisierung von Min.-Mengen	⊕	⊕	⊕
Lieferantenselbstprüfung	⊕	⊕	⊕
Getakteter Routenverkehr (Milk Run)	⊕	⊕	⊕

nicht vorhanden	⊕
in der Planung	⊕
ansatzweise umgesetzt	⊕
teilweise umgesetzt	⊕
umfassend umgesetzt	⊕

Abb. 2.2. Ergebnis Statusanalyse am Beispiel Logistik

Regel 5: Rückendeckung bei Entscheidungsträgern sichern

Organisatorische Innovationsideen zu generieren ist das eine, ihnen in einem Unternehmen Akzeptanz zu verschaffen, das andere. Gerade in Unternehmen, die sich auf die Suche nach neuen Organisationsideen gemacht haben, beteiligen sich in aller Regel viele Manager an dieser Suche. Sie sammeln eine Vielzahl von Ideen und Vorschlägen, die nicht selten in einem Wettbewerb miteinander stehen. Nicht alle Ideen sind gleich gut und nicht alle Ideen verdienen es, als Grundlage für eine weitere Konzeptausarbeitung zu dienen. Hinzu kommt, dass innerhalb des Managements um die Durchsetzung von Ideen konkurriert wird. Wem es gelingt, seine Ideen und Vorschläge als nützlich und praktikabel durchzusetzen, kann man davon ausgehen, dass er und sein Bereich mit großer Wahrscheinlichkeit zu den Gewinnern der später umgesetzten Maßnahmen gehört. Nicht zufällig lautet ein geflügeltes Wort in den Unternehmen: „Wer schreibt, der bleibt."

In den Unternehmen findet also ein Selektionsprozess von Veränderungsideen statt. Innovative Ideen werden keineswegs schon deswegen akzeptiert, weil sie neu und qualitativ gut sind. Sie müssen vielmehr auch mit einer hinreichenden hierarchischen Legitimation ausgestattet sein, um überhaupt zur Kenntnis genommen zu werden. Vielen innovativen Ideen wird das Schicksal zuteil, in irgendwelchen Schubladen zu verschwinden, weil sie von wichtigen Entscheidungsträgern im Management entweder gar nicht zur Kenntnis genommen oder von diesen abgelehnt worden sind. Die Ablagen der Unternehmen sind daher nicht selten regelrechte Grabstätten, in denen eine Vielzahl innovativer Ideen zur frühzeitigen Ruhe gelegt worden sind.

Schon bei der Entwicklung innovativer organisatorischer Ideen spielen die jeweiligen Entscheidungskompetenzen und Bereichsinteressen eine wichtige Rolle. Die Vorschläge werden bereits in ihrem Rohstadium auf ihre möglichen diesbezüglichen Konsequenzen hin abgetastet und entsprechend behandelt. Wer zu befürchten hat, dass er durch einen Vorschlag möglicherweise an Kompetenz und Einfluss verliert, versucht zunächst alles, um den Vorschlag ins Leere laufen zu lassen. Das muss keineswegs in Form offenen Wider-

spruchs oder Widerstands geschehen, sondern vollzieht sich derge-
stalt, dass die Idee zwar gelobt, gleichzeitig aber betont wird, dass
sie aus mehreren Gründen nicht realisierbar sei.

Dieses Spiel vollzieht sich häufig in Arbeits- oder Projektgruppen,
die den Auftrag bekamen, innovative Ideen zu entwickeln und konzeptionell auszuarbeiten. In ihnen sind in der Regel alle Bereiche
vertreten, die von der organisatorischen Veränderungsmaßnahme in
irgendeiner Weise direkt oder indirekt betroffen sind. Je mehr Bereiche einbezogen sind, desto größer ist die Wahrscheinlichkeit, dass
innovative Ansätze schon in ihrem Rohstadium zerredet und auf Eis
gelegt werden. Die Beteiligung möglichst vieler Personen und Bereiche an der Entwicklung eines neuen Konzepts hat insofern nicht
nur ihre Vor-, sondern auch ihre Nachteile. Vorteilhaft ist gewiss,
dass Betroffene zu Beteiligten gemacht werden und insofern niemand sagen kann, er sei mit einer neuen organisatorischen Lösung
konfrontiert worden, die seinen Belangen keine Rechnung trägt.
Nachteilig ist jedoch, dass, wie der Volksmund sagt, „viele Köche
den Brei verderben" können.

Beide Aspekte müssen bei der Behandlung von Innovationsideen
berücksichtigt werden. Dabei empfiehlt es sich, die Ideen zunächst
nur von solchen Fach- und Führungskräften behandeln zu lassen,
von denen zu erwarten ist, dass sie ihnen offen genug gegenüberstehen. Gleichzeitig sollten sie über genügend Autorität verfügen, um
deutlich machen zu können, dass die Ideen nicht nur von kompeten-
ten Fachleuten, sondern auch von wichtigen Entscheidungsträgern
befürwortet werden. Der Wert innovativer Ideen bemisst sich, wie
schon erwähnt, in den Unternehmen nämlich nicht nur nach ihrer
fachlichen Qualität, sondern auch nach ihrer hierarchischen Legitimation. Wichtig ist es daher allemal, dass Führungskräfte, die neue
Ideen entwickelt haben, sich frühzeitig die Rückendeckung von höherrangigen Entscheidungsträgern sichern.

Erst wenn diese hinreichend gegeben ist, empfiehlt es sich, andere
Bereiche und Führungskräfte in den Diskussions- und Abstim-
mungsprozess einzubeziehen. Dies wiederum sollte freilich so recht-
zeitig geschehen, dass auf die weitere Konkretisierung und Ausarbeitung der Ideen noch Einfluss genommen werden kann. Plumpe
Überrumpelungsmanöver helfen nämlich ebenso wenig weiter, wie

breit angelegte Abstimmungen im Frühstadium der Ideenentwick-
lung.

Praxisbeispiel

*In einem Unternehmen der Elektroindustrie wurde in der Produktion
und den produktionsnahen Bereichen nach einem starren Arbeitszeitmodell im Zwei- bzw. Dreischichtbetrieb gearbeitet. Auftrags-
schwankungen wurden durch Überstunden und Zusatzschichten sowie durch Personalverschiebungen ausgeglichen. Dies führte
aufgrund von Lohnzuschlägen nicht nur zu erheblichen Mehrkosten,
sondern auch zu ständigen Verhandlungen mit dem Betriebsrat über
Mehrarbeit.*

*Der verantwortliche Produktionsleiter nahm daher mit Unter-
nehmen Kontakt auf, die schon seit längerem flexible Arbeitszeitmo-
delle eingeführt hatten. Er stellte dabei fest, dass es eine Vielzahl
solcher Modelle gab, die für sein Unternehmen durchaus von Interesse waren. Als besonders interessant erschien ihm ein Modell, bei
dem die Anzahl der wöchentlichen Schichten auf der Grundlage von
Arbeitszeitkonten bedarfsorientiert variiert werden konnten.*

*Fast zeitgleich hatte sich der Personalleiter des Unternehmens
auf den Weg gemacht und sich ebenfalls bei anderen Unternehmen
über deren Praxis der Beschäftigung von Leih- und Zeitarbeitskräf-
ten informiert. In diesen Unternehmen wurden Auftragsschwankun-
gen überwiegend durch den Einsatz solcher Arbeitskräfte ausgeglichen. Überstunden und Sonderschichten entfielen weitgehend,
wodurch auch die entsprechenden Mehrkosten vermieden werden
konnten. Als besonders vielversprechend erschien dem Personalleiter ein Modell, bei dem in auftragsstarken Monaten Leiharbeiter
zum Einsatz kamen, die kostengünstiger waren als die Stammar-
beitskräfte.*

*Während der Produktionsleiter nach seinen Besuchen eine Ar-
beitsgruppe seines Bereiches damit beauftragte, auf der Basis der
gewonnenen Ideen ein Konzept auszuarbeiten, organisierte der Personalleiter einen weiteren Besuch in einem der schon besuchten Unternehmen, zu dem er auch seinen Vorgesetzten, den Werkleiter, ein-
lud. Der konnte sich nun im Gespräch mit dem Werkleiter des
besuchten Unternehmens und weiteren Teilnehmern, zu denen auch*

der dortige Produktionsleiter gehörte, ein eigenes Bild von den Vor-
und Nachteilen des Einsatzes von Leiharbeitskräften machen.

Besonders beeindruckend fand er, dass ihm bei dem Besuch bestä-
tigt wurde, dass es aufgrund des Einsatzes dieser Arbeitskräfte in
dem Unternehmen weder zu Qualitäts- noch zu Produktivitätsprob-
lemen gekommen war. Diese besonderen Risiken verband er nämlich
mit dem Einsatz von Leiharbeitern. Nun wurde ihm von seinem
Werkleiterkollegen sogar berichtet, dass die Produktivität der Leih-
arbeiter bei gleicher Qualität teilweise besser war als die der
Stammarbeiter.

Nach der Rückkehr von seinem Besuch berichtete der Werkleiter
gemeinsam mit dem Personalleiter über die dort gewonnenen Er-
kenntnisse. Der Werkleiter betonte, dass ihn die Vorgehensweise in
dem besuchten Unternehmen überzeugt habe und beauftragte den
Personalleiter, unter Einbindung des Produktionsbereiches ein ent-
sprechendes Konzept auszuarbeiten. Der Produktionsleiter wies nun
darauf hin, dass in seinem Bereich gegenwärtig ein Konzept für ein
neues Arbeitszeitmodell entwickelt werde, das aber noch nicht ganz
fertig sei, da noch nicht klar sei, wie man die Instandhaltungsberei-
che dafür gewinnen könne, regelmäßige Sonntagsarbeit zu leisten.

Der Werkleiter bat um eine möglichst umgehende Präsentation
des Konzepts in seinem Führungskreis, gab aber gleichzeitig zu er-
kennen, dass sich eine Flexibilisierung der Arbeitszeit möglicher-
weise auch erübrigen könne, wenn das Mittel einer flexiblen Nut-
zung von Leiharbeitskräften zur Verfügung stünde. Konzeptionell
fertiggestellt, verabschiedet und mit dem Betriebsrat verhandelt
wurde schließlich das neue Leiharbeitskonzept.

2.3 Regeln und Beispiele der Konzeptausarbeitung

Regel 6: Flexible Standardisierung vorantreiben

Die Erarbeitung und Bereitstellung methodischer Beschreibungen ist
eine zwingende Voraussetzung der erfolgreichen Realisierung jeder
organisatorischen Innovationsidee. Diese müssen hinsichtlich ihrer
Ziele und Methoden aufbereitet werden, um sie breitflächig zur Anwendung bringen zu können. Bloße Ideenskizzen reichen hierfür
nicht aus, gefordert sind ausgearbeitete Konzepte. Erst durch sie bil-

det sich das notwendige Innovationsbewusstsein und erst auf der Grundlage hinreichend ausgearbeiteter Konzepte lässt sich zuverlässig entscheiden, wohin die Reise gehen soll.

Entscheidend ist in diesem Zusammenhang, dass Ziele und Methoden beschrieben werden, die einen Anspruch auf Allgemeingültigkeit erheben können. Dieser muss sich auf die organisatorischen Einheiten beziehen, die neu strukturiert werden sollen. Die Standardisierung von Zielen und Methoden ist daher der wesentliche Zweck der konzeptionellen Ausarbeitung organisatorischer Innovationsideen. Wäre die Allgemeingültigkeit von vornherein gegeben, könnten die Unternehmen auf diesen, manchmal sehr aufwändigen Schritt verzichten. Die bloße Idee würde reichen, um eine organisatorische Innovation in die Wege zu leiten.

In der Beschreibung eines Konzepts verschafft sich der normative Anspruch Geltung, für alle Betroffenen und nicht nur für einzelne eine neue Lösung gefunden zu haben. Sie entspricht, wenn man so will, einem legislativen (gesetzgeberischen) Akt, dessen Funktion darin besteht, allgemeingültige Standards und Verhaltensnormen zu schaffen. Gesetzesvorlagen dienen wie Innovationskonzepte der Entscheidungsfindung, die in einem Fall per Abstimmung und im anderen Fall per Managementbeschluss ihr Ende findet.

Gesetze, die sich schon bei ihrer ersten praktischen Anwendung als untauglich erweisen, sind ebenso wenig sinnvoll wie Innovationskonzepte, die den ersten Praxistest nicht überstehen. Gesetze werden daher entweder wieder aus dem Verkehr gezogen oder im Laufe der weiteren Rechtsprechung durch Zusatzbestimmungen und Ausnahmetatbestände so der komplexen Wirklichkeit angepasst, dass sie ihre Allgemeingültigkeit nicht verlieren und trotzdem jedermann mit ihnen leben kann. Nichts anderes passiert bei der Ausarbeitung und Konkretisierung organisatorischer Innovationskonzepte. Sie müssen so formuliert sein, dass sie allgemeine normative Geltung beanspruchen können und trotzdem für jeden Eventualfall passen.

Zu generieren sind daher Standards und Normen, die zwar ein einheitliches Vorgehen ermöglichen, trotzdem aber so flexibel sind, dass sie auch dort zum Einsatz kommen können, wo Sonderbedingungen herrschen, die sich einer Standardisierung und Normierung auf den ersten Blick entziehen. Die richtige Mischung zwischen

Standard und Standardabweichung zu finden, ist die eigentliche Kunst der konzeptionellen Präzisierung organisatorischer Innovationskonzepte. Die Konzeptarbeit ist daher alles andere als trivial, weil sich alle Beteiligten und Betroffenen darin wiederfinden müssen, ohne sich durch die Standards und Normen vergewaltigt zu fühlen.

Die Ausarbeitung von Konzepten verlangt daher ein mikropolitisches Fingerspitzengefühl, über das in der Regel nur Manager verfügen, die sich im Interessendschungel ihres Unternehmens bestens auskennen. Nur sie sind in der Lage zu beurteilen, wie weit der Standardisierungsanspruch gehen sollte und wo er aufhören muss; und nur sie wissen in der Regel, welche Assoziationen mit bestimmten, für Außenstehende völlig unverfänglichen Begriffen verbunden sind. Über Erfolg oder Misserfolg eines Innovationskonzepts können einzelne Worte entscheiden, die zum Beispiel bei wichtigen Entscheidungsträgern Wohlwollen oder Missfallen erzeugen.

In den Unternehmen müssen daher nicht nur die geeigneten Personen mit der Konzeptausarbeitung beauftragt werden, es kommt auch darauf an, ein hinreichendes Bewusstsein für die „gesetzgeberische" Bedeutung und damit normative Funktion von Innovationskonzepten zu schaffen. In vielen Unternehmen herrscht im Umgang mit Innovationskonzepten indes ein eher laxes Verhalten vor. Sie werden nicht richtig ernst genommen, da Verstöße gegen ihre Normen keine größeren Sanktionen nach sich ziehen. Nach dem Motto „Papier ist geduldig" wird vielmehr darauf gesetzt, dass man jederzeit von den in ihnen beschriebenen Methoden abweichen kann, sofern die gesetzten wirtschaftlichen Ziele erreicht werden. Das erhöht zwar die unternehmerische Entscheidungsfreiheit jedes einzelnen Managers, führt aber dazu, dass sich in den Unternehmen eine Art Management by Frank Sinatra breit macht, wo jeder sagt: „I did it my way."

Unter solchen Bedingungen lassen sich breitflächige organisatorische Veränderungen nur realisieren, wenn jede Untereinheit eines Unternehmens befugt ist, ihren je eigenen Weg zu beschreiten, der mit dem allgemeingültigen Konzept häufig nur den Namen gemein hat. Genau diese Freiheitsgrade sind jedoch zu beschneiden, wenn verhindert werden soll, dass zum Beispiel unter dem Titel Teamarbeit vielerlei unterschiedlicher Organisationslösungen praktiziert werden, so dass am Ende niemand mehr weiß, was mit Teamarbeit eigentlich gemeint ist. Die Corporate Identity eines Unternehmens äußert sich nicht nur in irgendwelchen Logos, Slogans und Farben, sondern vor allem in ihrer Art der Organisation, durch die sie sich von anderen Unternehmen unterscheidet. Nichts ist neben dem Produkt in einem Unternehmen so identitätsstiftend wie die Art und Weise der täglichen Zusammenarbeit.

Das Topmanagement hat daher darauf hinzuwirken, dass die Ziele und Methoden eines organisatorischen Konzepts in ihrer normativen Bedeutung zur Kenntnis genommen werden und sich nicht jede Subeinheit ein ihr eigenes Organisationskleid anzieht. Dabei geht es nicht um die Oktroyierung unsinniger Standards und Normen, sondern darum, im Management das Bewusstsein dafür zu schärfen, dass Organisation ein zu wichtiges Werkzeug ist, als dass es dem Belieben und Geschmack des einzelnen überlassen werden dürfte. Unverzichtbar ist daher nicht nur ein hinreichender Sinn für die Bedeutung organisatorischer Standards und Normen, sondern auch die ständige Auseinandersetzung mit ihrer Weiterentwicklung und Verbesserung.

Auch dies ist nur möglich, wenn die Ziele und Standards einen Ausarbeitungsstand haben, der eine rationale Auseinandersetzung mit ihnen überhaupt erst ermöglicht. Nichts ist dem abträglicher, als wenn Standards zwar in den Köpfen vieler einzelner vorhanden, nirgendwo aber sauber beschrieben und dokumentiert sind. Nur Unternehmen, die ihre organisatorischen Ziele und Methoden nicht permanent weiterentwickeln, können darauf verzichten, sie auch zu beschreiben und zu dokumentieren. Sie leiden zwar nicht unter einer bürokratischen Flut von organisatorischen Standards und Normen, wissen aber auch nicht genau, ob sie über solche überhaupt verfügen und tun sich daher schwer, sich organisatorisch zu verorten und zu verbessern.

Praxisbeispiel

Die meisten Automobilunternehmen haben in den letzten Jahren mit der Erarbeitung und Dokumentation Ganzheitlicher Produktionssysteme für sich selbst methodische Standards geschaffen, die nichts anderes sind als standardisierte Betriebsanleitungen zum Autobauen auf der Basis von Lean Production.

Bei der Beschreibung solcher Systeme wurde großer Wert darauf gelegt, dass sie auf der einen Seite zwar für alle Standorte und Produkte gültig sind; andererseits wurde aber den Standorten und Bereichen so viel Spielraum gelassen, dass diese sich nicht gezwungen sahen, Methoden anzuwenden, die für sie keinen wirklichen Sinn machten.

Die Prozesse der Beschreibung der Systeme waren entsprechend komplex und aufwändig. Sie wurden gleichsam von zwei Enden her betrieben. Auf der einen Seite wurden von zentralen Stabsabteilungen top down allgemeine Systembeschreibungen entwickelt, die von vornherein das Ziel verdeutlichten, einen gemeinsamen Standard zu beschreiben. Gleichzeitig wurde bottom up eine Vielzahl von schon vorhandenen Beschreibungen aus den jeweiligen Standorten und Bereichen herangezogen, die alle schon ihrerseits damit begonnen hatten, für ihren Verantwortungsbereich die Methodenstandardisierung voranzutreiben. Sie fürchteten um eine Außerkraftsetzung der von ihnen, teilweise sehr mühsam geschaffenen Standards und waren daher daran interessiert, ihre Standards in den nun einsetzenden, übergreifenden Standardisierungsprozess einzubringen.

Ergebnisse	Methoden	Produktionsprinzipien	Subsysteme
Sicherheit		Führung	Arbeitsstrukturen und Gruppenarbeit
		Klare Aufgaben und Rollen	
		Beteiligung und Entwicklung von Mitarbeitern	
		Gruppenarbeitsstrukturen	
		Arbeitssicherheit und Umweltbewusstsein	
Qualität		Standardisierte methoden und Prozesse	Standardisierung
		Visuelles Management	
Ablieferung		Schnelle Problemerkennung und Fehlerbeseitigung	Qualität und robuste Prozesse/Produkte
		Stabile Prozesse/Produkte und präventives Qualitätsmanagement	
		Kundenorientierung (intern und extern)	
Kosten		Produktionsglättung	Just in Time
		Pull Production	
		Fließfertigung	
		Taktfertigung	
Mitarbeiterthemen		Beseitigung von Verschwendung	Kontinuierliche Verbesserung

Abb. 2.3. Aufbau DaimlerChrysler Produktionssystem – DCPS
(siehe Stühmeier/Stauch 2002)

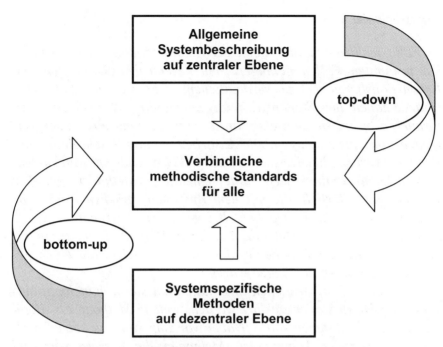

Abb. 2.4. Entwicklung verbindlicher Standards

Dies macht einen äußerst wichtigen Sachverhalt deutlich. Jede Managementebene ist gleichzeitig für und gegen die Standardisierung organisatorischer Methoden. Soweit es nämlich um die Steuerung des eigenen Verantwortungsbereichs geht, weiß jeder Manager, dass er auf organisatorische Standards und Normen nur um den Preis des organisatorischen Chaos verzichten kann. Soweit er von übergeordneten Stellen gesteuert wird, geht für jeden Manager hingegen die Standardisierung von Methoden, gleich welcher Art, mit einer Einschränkung seiner Handlungs- und Entscheidungsspielräume einher. Nach unten ist jeder Manager daher an Standardisierung interessiert, von oben her will er sie nach Möglichkeit vermeiden – es sei denn, die übergeordnete Instanz macht den von ihm geschaffenen Standard zur allgemeinen Norm.

Praxisbeispiel

Im Falle der Produktionssysteme der Automobilindustrie ist es in allen bekannten Fällen gelungen, den dezentralen Standorten und Produktionsbereichen zu verdeutlichen, dass sie nur dann eine Chance haben, ihre Standards in allgemeingültige Normen zu transformieren, wenn sie sich aktiv an der Entwicklung eines übergreifenden Konzepts beteiligen. Die Ausarbeitung und Beschreibung des Konzepts verkomplizierte sich auf diese Weise zunächst, weil zu denselben Sachverhalten viele unterschiedliche Methoden geliefert wurden, die natürlich alle mit dem Anspruch versehen waren, als allgemeiner Standard zu gelten. Bei genauerer Betrachtung zeigte sich aber häufig, dass Methode A sich von Methode B nur geringfügig unterschied, so dass beide Methoden sehr leicht auf einen gemeinsamen Nenner zu bringen waren.

Lediglich in den wirklichen Streitfällen musste in manchmal aufwändigen Diskussionen geklärt werden, welche Methode als allgemeiner Standard gelten sollte. Dabei war zum einen zu klären, welche der in Frage kommenden Methoden die bessere war und inwieweit diese beste Methode für alle Gültigkeit beanspruchen konnte. Die damit einhergehenden Streitfragen wurden vielfach dadurch gelöst, dass die beste Methode nur so weit im Detail beschrieben wurde, dass noch genügend Spielraum blieb, sie an die je eigenen Gegebenheiten weiter anpassen zu können.

Regel 7: Totale Perfektion vermeiden

Innovationskonzepte müssen zwar begrifflich klar und präzise beschrieben, aber nicht zwingend perfekt sein. Die Entwicklung der Konzepte ist ein iterativer Prozess, in dem erst im Laufe der Zeit ein gewisser Perfektionsgrad erreicht wird. Vielfach wird der Fehler gemacht, dass schon im Frühstadium der Konzeptentwicklung ein Perfektionsgrad angestrebt wird, der zu diesem Zeitpunkt gar nicht nötig ist. Dies gilt insbesondere in Hinblick auf die Detaillierung aller Aspekte, die am Anfang eher abschreckend als motivierend wirkt.

Die abschreckende Wirkung ergibt sich im Wesentlichen aus dem Eindruck, dass ein Konzept schon weitgehend geschlossen und insofern nicht mehr weiter veränderbar ist. Gewünscht sind aber von den meisten Beteiligten und Betroffenen offene Konzepte, die noch weiter verfeinert und auch modifiziert werden können. Nur so besteht für alle Beteiligten und Betroffenen eine Chance, ihre Interessen in die Konzeptausarbeitung einzubringen.

Gleichzeitig nützt es jedoch nichts, wenn ein Konzept so offen und unverbindlich ist, dass man es schon nach kurzer Zeit in seinen wesentlichen Linien nicht wiedererkennt. Die Offenheit erhöht zwar die Akzeptanzchancen, birgt aber die Gefahr in sich, dass ein Ansatz so stark verwässert wird, dass er seine innovative Wirkung schnell verliert. Wir haben es dann mit altem Wein in neuen Schläuchen zu tun, der kaum dazu taugt, die anstehenden organisatorischen Probleme zu lösen.

Deswegen sollte bei der Entwicklung von Innovationskonzepten zwar ein Ausarbeitungsgrad angestrebt werden, der verhindert, dass alles wieder verändert werden kann, gleichzeitig muss jedoch Spielraum für inhaltliche Modifikationen gelassen werden. Anzustreben ist daher ein Grad der Vervollkommnung, der nicht kleiner als fünfzig, aber auch nicht größer als achtzig Prozent ist. Hierfür gibt es freilich keine exakten Messmethoden, wohl aber Erfahrungswerte, die sich aus der konkreten Veränderungsaufgabe ergeben.

Als hilfreich hat sich in diesem Zusammenhang erwiesen, die methodische Detaillierung organisatorischer Innovationskonzepte den Betroffenen selbst zu übertragen. Ihnen werden zwar die wesentlichen Grundlinien und auch Methoden des Konzepts vorgegeben, ihre detaillierte Ausformulierung und Beschreibung wird aber von denjenigen Führungskräften und Mitarbeitern vorgenommen, die sie praktisch anzuwenden haben. Dadurch erhalten sie die Möglichkeit, die organisatorischen Methoden und Werkzeuge, mit denen sie zu arbeiten haben, selbst zu gestalten. Das erhöht in der Regel zwar den Entwicklungsaufwand, macht sich aber durch eine höhere Passgenauigkeit der Methoden und Werkzeuge und eine sich daraus ergebende höhere Identifikation der Anwender mit dem Konzept bezahlt.

Praxisbeispiel

*In einem Maschinenbauunternehmen ist ein Produktionssystem ent-
wickelt worden, das seinem Anspruch nach methodische Standards
für die Gestaltung der Arbeitsabläufe in allen Produkt- und Produktionsbereichen beschreibt. Dieser Anspruch hat zurecht die Frage
provoziert, welchen Sinn es denn mache, solche Standards für
höchst unterschiedliche Produkte und Produktionsabläufe zu beschreiben. Nicht wenige Manager bezweifelten zunächst, dass zum
Beispiel ein Kleinserienprodukt nach denselben Methoden zu fertigen sei wie ein Großserienprodukt. Überdies seien die Abläufe in einer automatisierten Fertigung andere als in einer manuellen Mon-
tage.*

*Die Verfasser der Systembeschreibung hielten dem entgegen, dass
es sowohl zwischen unterschiedlichen Produkten wie auch zwischen
unterschiedlichen Produktionsbereichen mehr Gemeinsamkeiten gäbe, als man auf den ersten Blick glaube. Eine Standardisierung der
Methoden mache daher durchaus Sinn, wenn auch nicht davon auszugehen sei, dass sich alle Methoden bis ins letzte Detail vereinheit-
lichen ließen. Überdies sei es nicht sonderlich sinnvoll, an unterschiedlichen Produktionsstandorten gleiche Produkte mit unterschiedlichen Methoden zu fertigen. An allen Standorten sollten
vielmehr die jeweils besten Methoden zum Einsatz kommen, die in
dem Produktionssystem beschrieben seien. Nicht jeder Standort und
Produktionsbereich müsse das Rad neu erfinden, wenn schon her-
vorragende Räder zur Verfügung stünden.*

*Dieser Argumentation schloss sich die Mehrheit des Manage-
ments im Laufe der Zeit weitgehend an. Befürchtet wurde aber dennoch, dass es durch die methodischen Standards zu einer Einengung
der notwendigen Freiheitsgrade kommen würde, zumal der zuständige Geschäftsführer deutlich machte, dass für ihn die Systembeschreibung kein Papiertiger, sondern eine Methodensammlung sei,
die er in der Praxis der Fabriken wiederfinden wolle.*

*Die Systembeschreibung wurde daher in mehreren Stufen verfei-
nert. Zunächst wurde für die oberen Führungskräfte ein Manage-
menthandbuch entwickelt, in dem die neuen Prinzipien und Methoden relativ allgemein beschrieben wurden. Es diente im wesent-*

lichen der Bewusstseinsbildung auf den oberen und mittleren Füh-
rungsebenen für die Notwendigkeiten und den praktischen Nutzen
eines einheitlichen organisatorischen Methodenverständnisses. Auf
die Detaillierung aller Methoden wurde verzichtet, nicht zuletzt um
auf diesen Ebenen keine langwierigen Diskussionen über die Stan-
dardisierung einzelner Methoden zu provozieren.

Gleichzeitig wurde jedoch darauf geachtet, dass die Beschreibun-
gen nicht so abstrakt und unverbindlich blieben, dass jedermann
sich ohne weiteres auf sie hätte verständigen können. Deutlich be-
tont wurde der Standardisierungs- und Normierungszweck, der sich
mit der Systembeschreibung verband, was vor allem darin zum Aus-
druck kam, dass jedem Standort- und Bereichsleiter zunächst ver-
deutlicht wurde, dass der praktische Einsatz der beschriebenen Me-
thoden eine Pflicht sei. Dies führte zu einer Unterteilung der
Methoden in allgemeingültige Pflichtmethoden und in solche Me-
thoden, die nur an einzelnen Standorten Verwendung fanden.

Damit war der Standardisierungsprozess jedoch nicht abge-
schlossen. Das untere Management und die Mitarbeiter zeigten sich
für eine Standardisierung der Methoden zwar aufgeschlossen, da sie
sich hiervon mehr Ordnung im betrieblichen Geschehen verspra-
chen; sie wiesen aber darauf hin, dass sie mit den relativ allgemei-
nen Beschreibungen nur wenig anfangen könnten, da bei der tat-
sächlichen Anwendung ein höherer Detaillierungsgrad vonnöten sei.
Es wurde daher ein eigenes Handbuch für das untere Management
und die Mitarbeiter entwickelt, in dem die einzelnen Prinzipien und
Methoden nicht nur detailliert, sondern auch möglichst einfach und
anschaulich dargestellt wurden.

An der Entwicklung dieses Handbuches waren untere Führungs-
kräfte (Meister) und einige Mitarbeiter unmittelbar beteiligt. Auch
sie diskutierten nun, wie weit die Standardisierung einzelner Metho-
den reichen sollte. Interessanterweise kamen sie dabei in den meis-
ten Fällen zu dem Ergebnis, dass viele Methoden sehr wohl auch in
ihrer Detaillierung zu standardisieren waren, was sie dann auch ta-
ten. Wo dies nicht der Fall war, blieben sie bei den eher allgemeinen
Beschreibungen des Handbuchs für das obere und mittlere Mana-
gement.

Abb. 2.5. Detaillierungsstufen

Regel 8: Öffentlichkeit herstellen

Der Volksmund sagt: „Klappern gehört zum Handwerk." Das gilt auch für das Handwerk des Managements organisatorischer Veränderungen. Innovative Ideen und Konzepte werden nur dann wirksam, wenn sie in den Unternehmen eine hinreichende Publizität erlangen. Ideen und Konzepte, die niemand kennt, können auch keine Wirkung entfalten. Ein wichtiger Bestandteil des Entwicklungsprozesses organisatorischer Innovationen ist daher die Herstellung einer ausreichenden Öffentlichkeit über ihre Ziele und Inhalte. Nur wenn sie gegeben ist, kann davon ausgegangen werden, dass ein neuer Ansatz auch die Aufmerksamkeit erfährt, die er benötigt, um die Köpfe aller Führungskräfte und Mitarbeiter zu erreichen.

Eine frühzeitig einsetzende, gezielte unternehmensinterne Öffentlichkeitsarbeit ist daher ein wesentlicher Erfolgsfaktor für jedes organisatorische Innovationskonzept. Sie ist frühestens möglich, wenn das Konzept schon einen hinreichenden Reifegrad erreicht hat. Normalerweise sollte im Management über ein Konzept auch schon positiv entschieden sein, bevor seine Verfasser damit an eine größere Öffentlichkeit gehen. Die Herstellung unternehmensinterner Öffentlichkeit kann aber auch ein Mittel sein, um Entscheidungsprozesse frühzeitig in die eine oder andere Richtung zu beeinflussen.

Dagegen ist freilich abzuwägen, ob nicht möglicherweise ein zu hohes Risiko eingegangen wird, falls sich das Konzept doch noch in den Fallstricken des Entscheidungs- und Umsetzungsprozesses verfangen sollte.

Bei der Öffentlichkeitsarbeit für organisatorische Innovationskonzepte ist in den letzten Jahren in manchen Unternehmen gehörig Schindluder getrieben worden. In der Absicht, den Bewusstseinswandel bei Führungskräften und Mitarbeitern gezielt voranzutreiben, sind mit Hilfe von Broschüren, Plakaten, Zeitschriften, Videos, Veranstaltungen, Buttons und ähnlichen Mitteln der Öffentlichkeitsarbeit regelrechte Kampagnen für neue Ansätze und Konzepte in Gang gesetzt worden. Manche dieser Kampagnen nahmen geradezu Züge von Propagandaschlachten an, wie man sie beispielsweise aus Wahlkämpfen kennt.

Der grundlegende Fehler solcher Kampagnen liegt in der Annahme, Verhaltensänderungen gingen hauptsächlich von den Köpfen der Beteiligten und Betroffenen aus. Tatsächlich verändern Führungskräfte und Mitarbeiter ihre alltäglichen organisatorischen Gewohnheiten aber nur, wenn sie die Erfahrung machen, dass sie mit den neuen Ideen und Ansätzen besser fahren als zuvor. Das organisatorische Sein bestimmt im wesentlichen auch das organisatorische Bewusstsein. Von daher ist es wenig zielführend, innovative Ideen und Konzepte kampagnenmäßig bekannt zu machen; denn jedermann wird seine Sichtweisen und Verhaltensweisen erst ändern, wenn er sieht, dass die Ideen und Konzepte tatsächlich auch praktisch das halten, was sie theoretisch versprechen. Großen Worten und Erklärungen wird daher zurecht nur wenig Vertrauen geschenkt.

Am anderen Pol stehen all die Unternehmen, deren Management die neuen Ideen und Konzepte als eine Art geheime Kommandosache behandelt, in die nur wenige Auserwählte eingeweiht werden. Das kann zu Beginn der Entwicklung eines Konzepts richtig sein, verhindert aber auf Dauer die offene Meinungsbildung über die geplante Veränderung, die in jedem Fall zwingend erforderlich ist. Nicht nur die Beteiligten, sondern auch die Betroffenen müssen erfahren, mit welchen Veränderungen sie zu rechnen haben. Dabei geht es nicht um die Ingangsetzung eines weitgehend ergebnisoffenen Diskussionsprozesses, sondern um die sachgerechte Information über Ziele und Inhalte des neuen Ansatzes. Sie verhindert Gerüchtebildung und Meinungsmache und bezeugt überdies den Willen der Treiber des neuen Konzepts, ihre Ansätze auch wirklich durchzusetzen. Mit der breiten Information über das, was sie planen, setzen sie sich nämlich selbst in Zugzwang, ihren Worten auch Taten folgen zu lassen.

Praxisbeispiel

In einem Großunternehmen wurde ein umfassendes organisatorisches Veränderungsprogramm entwickelt, dem ein entsprechendes Leitbild zugrund gelegt wurde. Inhaltlich orientierte man sich dabei im wesentlichen an den bekannten Ansätzen von Lean Management, also konsequenter Kundenorientierung, Null-Fehler-Prinzip, Dezentralisierung und Kontinuierlicher Verbesserung.

Getreu der Aussage, Veränderungsprozesse begännen im Kopf, wurden Broschüren, Logos, Plakate und eigene Zeitschriften angefertigt, mit denen eine umfassende Aufklärungskampagne über das neue Leitbild und die hinter ihm stehenden organisatorischen Veränderungsmaßnahmen gestartet wurde. In eigens durchgeführten Zukunftswerkstätten wurden die Inhalte vorgestellt und die Manager dazu angehalten, ihre eigenen Umsetzungspläne zu erarbeiten. Außerdem sollten sie lernen, wie sie ihre Mitarbeiter für die neuen Inhalte und die mit ihnen verbundenen Botschaften begeistern können.

Viele Führungskräfte und Mitarbeiter nahmen die neuen Ideen und Ansätze mit ernstem und ehrlichem Interesse zur Kenntnis, wunderten sich aber über den propagandistischen Aufwand, der mit ihnen verbunden wurde. Einige argwöhnten, die Unternehmensleitung wolle sie indoktrinieren. Im großen und ganzen lehnte die Mehrheit der Führungskräfte und Mitarbeiter die neuen Ideen und Ansätze nicht ab, entwickelte aber auch nicht die gewünschte Begeisterung, sondern sagte sich insgeheim: „Schau'n mer mal."

Gewartet wurde also in der Hauptsache auf die Realisierung der in dem Programm angekündigten Veränderungsmaßnahmen. Dort, wo diese konsequent angegangen wurden und sich weitgehend mit den versprochenen Zielen deckten, konnte schon nach kurzer Zeit festgestellt werden, dass die neuen Ideen und Ansätze nicht nur die alltägliche Praxis prägten, sondern auch eine Verhaltens- und Meinungsänderung nach sich zogen. Dort, wo den Ankündigungen keine schnellen Taten folgten, verpuffte das Programm schon nach kurzer Zeit.

In einem dieser Bereiche wurde einige Jahre später im Rahmen einer Mitarbeiterbefragung festgestellt, dass die Inhalte des Leitbildes bei den Führungskräften und Mitarbeitern weitgehend vergessen waren, obwohl sie mit sehr viel Aufwand publik gemacht worden waren. Die Geschäftsführung des Bereiches beschloss daraufhin, einige der Ansätze nochmals zu aktivieren, dabei aber jedes kampagnemäßige Vorgehen zu vermeiden. Es wurden einfache Hilfsmittel, zum Beispiel für KVP, entwickelt, die den Führungskräften und Mitarbeitern zur Verfügung gestellt wurden. Über Ziele, Inhalte und Methoden wurde bedarfsorientiert, vor allem in entsprechenden Qualifizierungsveranstaltungen, informiert. Schon nach kurzer Zeit konnte festgestellt werden, dass die Ansätze angenommen und praktiziert wurden.

Nachdem über erste Erfolge, aber auch Schwierigkeiten in einer Mitarbeiterzeitschrift informiert worden war, meldeten sich immer mehr Standorte, die darum baten, über die neuen Ansätze mehr erfahren zu können und bei ihrer Umsetzung unterstützt zu werden. Entscheidend für die Verbreitung des Konzepts war aber, dass sich unter den Führungskräften und Mitarbeitern der verschiedenen Standorte allmählich herumsprach, dass sich mit seiner Hilfe die Abläufe deutlich verbessern ließen. Die Projektleitung forcierte daher durch entsprechende Treffen die „Mund-zu-Mund-Propaganda" im Management und unter den Mitarbeitern.

Regel 9: Die Nachteile verschweigen, ohne sie zu ignorieren

Entscheidend ist nicht nur, dass ein Innovationskonzept publik gemacht wird, sondern auch, wie dies geschieht. Keine organisatorische Innovation hat für ein Unternehmen sowie seine Führungskräfte und Mitarbeiter nur Vor- und keine Nachteile. In den einschlägigen Lehrbüchern wird daher dazu geraten, sich schon bei der Entwicklung organisatorischer Innovationskonzepte mit all deren Vor- und Nachteilen vertraut zu machen und diese auch offen zu kommunizieren. Nur so ließen sich Entscheidungen über das Für und Wider einer organisatorischen Innovation rational treffen.

So überzeugend dieser Ratschlag klingt, so sehr verkennt er die Realitäten organisatorischer Innovationsprozesse, die sich nicht im luftleeren Raum, sondern eben im Widerstreit unterschiedlicher Interessen vollziehen. Die Treiber von Veränderungen starten die Umsetzung neuer Prinzipien und Methoden daher realistischerweise damit, dass sie die bestehenden Prinzipien und Methoden kritisieren und desavouieren, indem sie deren Nachteile herausarbeiten und schonungslos in den Vordergrund rücken. Gleichzeitig loben sie die Vorteile der neuen Prinzipien und Methoden, obwohl sie wissen, dass natürlich auch diese ihre Nachteile haben. Diese müssen jedoch gezielt ausgeblendet werden, da ansonsten die Gefahr besteht, dass die Bremser sich auf sie berufen und die Abwartenden noch mehr verunsichert werden, als sie dies ohnehin schon sind.

Kein wirklich zur Innovation entschlossener Manager wird daher den Fehler begehen, den von ihm betriebenen Veränderungsprozess damit zu beginnen, dass er den Verteidigern des Status Quo die möglichen Nachteile der von ihm präferierten Alternative frei Haus liefert. Diese werden von den Bremsern ohnehin gegen seine Absichten ins Spiel gebracht, so dass er alle Hände voll zu tun hat, deren Argumente aus dem Weg zu räumen. Einseitigkeit, nicht Objektivität bestimmt daher sein Handeln, wenn es darum geht, das Neue gegenüber dem Alten zu positionieren.

Innovatoren müssen, so gesehen, die Nachteile der von ihnen präferierten Organisationslösungen systematisch verschweigen, um ihnen gegenüber den bestehenden Organisationsstrukturen überhaupt eine Chance einzuräumen. Nicht erst die Umsetzung, sondern schon die Entwicklung organisatorischer Innovationskonzepte vollzieht sich nicht als interessenfreier Diskurs, bei dem das Für und Wider des Neuen gegenüber dem Alten sorgfältig abgewogen wird.

Dies verstärkt sich zudem noch in dem Maße, als das Neue gegenüber dem Alten tatsächlich zum Zuge kommt. Wird eine neue Organisationsform, häufig nach längeren internen Auseinandersetzungen und ersten Pilotversuchen, von der Unternehmensleitung erst einmal für alle als bindend erklärt, fallen ihre Nachteile zunächst einmal vollständig dem Vergessen anheim. Die Verteidiger des Status Quo ziehen sich zurück oder sind mittlerweile ins Lager der Innovatoren übergelaufen, so dass die Einwände gegen das Neue, die dank ihres Widerstands bislang noch thematisiert wurden, nun völlig von der Bildfläche verschwinden. Angebrochen ist nun die Phase der Euphorie für das Neue, in der jeder, der sich der allgemeinen Begeisterung nicht anschließt, Gefahr läuft, als Ewiggestriger in die Ecke gestellt und schlimmstenfalls ausgemustert zu werden.

Wir haben es hier mit einem Phänomen der Verdrängung zu tun, das für die Innovationsfähigkeit von Unternehmen eine ähnlich unverzichtbare Funktion hat, wie die Unterdrückung von unangenehmen Erinnerungen für das seelische Gleichgewicht von Einzelpersonen. Wie im menschlichen Leben gilt aber auch im Leben von Unternehmen, dass das Verdrängte nicht einfach verschwunden ist, sondern im Stillen weiterwirkt und auf manchmal sehr verschlungenem Wege nach oben kommt. So wie es beim einzelnen Menschen durch Verdrängung zu seelischen Störungen kommen kann, führen die verdrängten Nachteile organisatorischer Innovationen in den Unternehmen nicht selten dazu, dass es dort nach einer gewissen Zeit auch zu Störungen kommt. Das Ausblenden von Nachteilen verschont die Unternehmen nicht vor den tatsächlichen Wirkungen, die diese Nachteile in der Organisation über kurz oder lang auslösen.

Nachteile überkommener Prinzipien und Methoden sind zunächst also zu verschweigen, um sie nach einer gewissen Zeit aber ebenso zu bearbeiten. Gewiefte Treiber organisatorischer Veränderungen beschäftigen sich daher sehr wohl mit den Nachteilen und bereiten sich so auf jene Momente vor, in denen sie zu Tage treten und bereinigt werden müssen. Sie legen sie aber erst dann offen, wenn dies auch erforderlich ist, und vermeiden so unnötige Komplikationen, die immer dann auftreten, wenn richtige Dinge zur falschen Zeit thematisiert werden. Gleichzeitig handeln sie aber nicht nur reaktiv, sondern befassen sich auch mit dem, was im Verlaufe des Umsetzungsprozesses noch auf sie zukommt. So gelingt es ihnen, Igel und nicht Hase im Wettlauf um die besten Konzepte zu sein.

Praxisbeispiel

In den Reparaturwerkstätten eines Geräteherstellers wurde Mitte der neunziger Jahre die bisherige Werkstattorganisation, die sich durch eine starke Spezialisierung auszeichnete, durch eine stärker integrativ ausgelegte Teamorganisation ersetzt. Die Geschäftslei-

tung versprach sich von der neuen Arbeitsorganisation eine höhere Flexibilität und bessere Kundenorientierung im Werkstattprozess.

Sie betonte daher die Nachteile der bisherigen Werksattorganisation und lobte demgegenüber die Vorteile einer stärkeren Integration von Aufgaben im Sinne einer ganzheitlichen Aufgabenverantwortung, nicht zuletzt um die Bremser unter den Führungskräften in Schach zu halten. Ausgeblendet wurden daher die Nachteile eines ganzheitlicheren Aufgabenzuschnitts, die unter anderem darin bestehen, dass die Mitarbeiter kaum noch Routinen ausbilden und fachlich überfordert werden können. Hinzu kam das Problem, dass die bisherigen Meister sich nun nicht mehr nur um den Werkstattprozess, sondern auch um die Kunden zu kümmern hatten. In den Werkstätten entstand auf diese Weise eine Führungslücke, die einzelne Teams dazu nutzten, die neu gewonnenen Freiräume vor allem für sich selbst, nicht aber im Sinne einer höheren Effizienz zu nutzen, die durch das Konzept aber unter anderem erreicht werden sollte.

Diese Nachteile machten sich im Laufe der Zeit in der alltäglichen Praxis der Werkstätten bemerkbar. Dies führte mehr und mehr dazu, dass die Gegner des neuen Konzepts wieder Oberhand gewannen. Erst eine gemeinsame Initiative der Treiber des neuen Konzepts ermöglichte es, die offenkundigen Nachteile im Rahmen eines Projekts zur Weiterentwicklung der Teamorganisation systematisch zu bearbeiten und schrittweise zu beheben. Ihnen gelang es auf diese Weise, die Initiative zur Fortführung eines innovativen Ansatzes zurückzugewinnen, die ihnen für eine gewisse Zeit entglitten war.

3 Umsetzung von Innovationskonzepten

3.1 Essentials erfolgreicher Umsetzung

Null-Fehler-Prinzip

Die Nagelprobe für jeden organisatorischen Innovationsansatz ist dessen Umsetzung. Der Umsetzungsprozess selbst untergliedert sich wiederum in zwei Schritte:

- den Start der Umsetzung und
- deren Konsolidierung bzw. Stabilisierung

Für beide Schritte ist die erstklassige Qualität des entwickelten Konzepts zwar eine notwendige, aber keine hinreichende Erfolgsbedingung. Mehr als bei jeder technischen Veränderung entscheidet nämlich das richtige Vorgehen im Umsetzungsprozess über das Schicksal des neuen Ansatzes. Umsetzungsfehler wirken sich sehr direkt aus und haben zur Konsequenz, dass ein brauchbarer Ansatz schnell desavouiert wird. Inhaltliche Konzeptfehler wirken sich demgegenüber weniger dramatisch aus, da sie in aller Regel leicht korrigiert werden können. Umsetzungsfehler werden dagegen kaum verziehen.

Wer arbeitet macht bekanntlich Fehler. Das gilt auch für die Arbeit, die mit der Umsetzung organisatorischer Innovationskonzepte verbunden ist. Das wissen nicht zuletzt auch die Gegner eines Innovationskonzepts, die deswegen nur darauf warten, dass seine Treiber jene Umsetzungsfehler machen, die ihnen die Möglichkeit bieten, die Veränderung in Frage zu stellen und auszubremsen. Für die Treiber der Veränderung bedeutet dies, dass sie eine besondere Sorgfalt walten lassen müssen, um Vorgehensfehler zu vermeiden. Sie dürfen den Gegnern und Bremsern möglichst keine Angriffspunkte bieten, die diese in die Lage versetzen, die Umsetzung zu hintertreiben. Das Null-Fehler-Prinzip muss daher nicht nur auf die

Abläufe und Ergebnisse der alltäglichen Arbeitsabläufe, sondern auch auf die Umsetzung von Innovationskonzepten angewendet werden.

Die Fehlerquellen sind sehr vielfältig und reichen von der falschen Zuordnung der Umsetzungsverantwortung über unklare Zielvorgaben bis hin zur fehlenden Konsequenz bei der Realisierung wirtschaftlicher Effekte. Wie bei jedem Arbeitsprozess treten die Fehlerfolgen nicht immer sofort in Erscheinung, sondern wirken sich erst im weiteren Verlauf des Prozesses aus, wo sie aber nur noch schwer und mit viel Aufwand zu korrigieren sind. Entscheidend ist daher, dass Umsetzungsfehler schon am Ort ihrer Entstehung erkannt und korrigiert werden. So darf ein Innovationskonzept zum Beispiel nicht weiter verfolgt werden, wenn keine klaren wirtschaftlichen Ziele benannt und nach Möglichkeit vereinbart sind, zu deren Realisierung es einen Beitrag leisten soll.

Der Umsetzungsprozess muss bei auftretenden Qualitätsmängeln nicht gleich abgebrochen werden, entscheidend ist aber, dass das Qualitätsproblem identifiziert, offen dokumentiert und natürlich möglichst schnell behoben wird. Dies geschieht in den meisten Unternehmen viel zu selten. Vielmehr wird darauf gesetzt, dass sich Umsetzungsfehler irgendwie von alleine beheben würden und es daher nicht notwendig sei, in Umsetzungsprozessen systematische Fehlervermeidung und -beseitigung zu betreiben. Im Ergebnis wird heute in vielen Unternehmen auf dem Feld organisatorischer Veränderung mehr und mehr zeitaufwändige und teure Nacharbeit geleistet, bei der es darum geht, Umsetzungsfehler im Nachhinein zu korrigieren. Nicht selten werden dieselben Umsetzungsfehler auch mehrmals gemacht, weil es in den Unternehmen kein ausreichendes Qualitäts- und Fehlerbewusstsein für die Umsetzung organisatorischer Veränderungen gibt.

Treiben und Betreiben

Vorangetrieben wird die Umsetzung organisatorischer Innovationen nicht aufgrund der Qualität der entsprechenden Konzepte, sondern aufgrund von Entscheidungen innerhalb des Managements. Die Konzepte liegen diesen Entscheidungen zwar zu Grunde, sind aber so lange tote Ideen, wie sie nicht durch Entscheidungen zum Leben erweckt werden. Häufig wird geglaubt, mit der Entscheidung der Unternehmensleitung, ein fertig ausgearbeitetes Konzept umzusetzen, sei es schon getan. Die nachgeordneten Führungsebenen wüssten nun, was zu tun sei, so dass das obere Management die Umsetzung getrost dem mittleren oder unteren Management überlassen könne. Legitimiert wird dies dann möglicherweise noch mit dem Prinzip der Delegation von Entscheidungsbefugnissen oder der Absicht, das Konzept möglichst bald zu einem Selbstläufer werden zu lassen.

Zu Selbstläufern kommt es auf dem Feld organisatorischer Veränderungen indes so gut wie nie. Kein organisatorisches Innovationskonzept setzt sich von alleine um, da mit ihm immer widerstreitende Interessen verbunden sind, die es in die richtigen Bahnen zu lenken gilt. Die Umsetzung ist daher eine Aufgabe aller Führungsebenen, die im Umsetzungsprozess ihre je unterschiedlichen Funktionen und Rollen wahrzunehmen haben. Entscheidend ist in diesem Zusammenhang, dass die Umsetzung der Konzepte top down getrieben und bottom up betrieben wird. Veranschaulichen kann man sich diesen Zusammenhang, wenn man sich die Funktionsweise eines Powertrains vor Augen führt, wo Motor, Getriebe, Achsen und Räder so ineinander greifen, dass ein Fahrzeug in Bewegung gesetzt und in Bewegung gehalten werden kann. Ohne dieses Zusammenwirken kommt es auf ebener Fläche unweigerlich zum Stehen, während es am Hang sogar zurückrollt, sofern keine Bremse angezogen oder ein Gang eingelegt ist.

Konkret heißt dies: Jeder Umsetzungsprozess benötigt

- einen Motor
- ein Getriebe
- Achsen
- sowie Räder

Die Motorenfunktion muss in der Hauptsache das obere Management erfüllen. Es hat jene Energie und Kräfte zu erzeugen, ohne die kein Innovationskonzept zum Laufen kommt und am Laufen gehalten werden kann. Darüber hinaus bestimmt und reguliert es die Geschwindigkeit des Umsetzungsprozesses. Wo einflussreiche Betriebsräte mit im Spiel sind, müssen auch diese an der Krafterzeugung mitwirken.

Die Getriebefunktion ist im wesentlichen eine Aufgabe des mittleren Managements, das dafür zu sorgen hat, dass die erzeugte Energie auf das untere Management und die Mitarbeiter übertragen wird. Dabei hat es gleichzeitig darauf zu achten, dass dies in der richtigen Dosierung geschieht und Drehzahl sowie Geschwindigkeit den jeweiligen Erfordernissen angepasst werden. Als Achsen und Räder wirken die unteren Führungskräfte, die gemeinsam mit den Mitarbeitern die Energie auf die Straße bringen und die Umsetzung stabilisieren.

Die Umsetzung benötigt:

- **einen Motor**
  (Top-Management)

- **ein Getriebe**
  (Mittleres Management)

- **Achsen und Räder**
  (Unteres Management und Mitarbeiter)

Abb. 3.1. Powertrainmodell für Umsetzungsverantwortung

Ein intelligentes Powertrain-Management verfügt heute über Anti-Blockier-Systeme (ABS) und elektronische Stabilisatoren (ESP). Kritische Situationen können mit ihrer Hilfe frühzeitig erkannt und vermieden werden. Das ist nur möglich, weil durch Sensoren Informationen über den Fahrprozess aufgenommen und an Motor oder Getriebe weitergeleitet werden, wo dann regulativ eingegriffen werden kann. Für den sicheren und stabilen Verlauf der Umsetzung organisatorischer Innovationen ist ähnliches erforderlich. Davon sind die Unternehmen in aller Regel aber noch weit entfernt. Sie können sich schon glücklich schätzen, wenn die verschiedenen Managementebenen konsequent jene Funktionen erfüllen, die für eine erfolgreiche Umsetzung unverzichtbar sind. Dies tun sie in aller Regel nicht automatisch, sondern nur, indem ihnen die jeweiligen funktionsspezifischen Aufgaben und Verantwortlichkeiten zugewiesen werden und dafür gesorgt wird, dass sie diese auch wahrnehmen.

Ganzheitlichkeit

Organisatorische Veränderungen greifen häufig an unterschiedlichen Punkten der jeweiligen Strukturen und Abläufe an. In den Unternehmen macht sich in der Folge einer damit einhergehenden, manchmal chaotischen Projektvielfalt eine gefährliche Veränderungsmüdigkeit breit. Die Führungskräfte und Mitarbeiter halten zunehmend desinteressiert nach der nächsten „Sau" Ausschau, die „durch's Dorf getrieben" werden soll. Im englischsprachigen Raum wird im selben Zusammenhang in den Unternehmen vom „next flavour of the month" gesprochen, was deutlich macht, dass wir es hier keineswegs mit einem nur deutschen Phänomen zu tun haben. Verstärkt wird es unter anderem durch den immer häufigeren personellen Wechsel im Management, der dazu führt, dass Organisationsansätze ungefähr im selben zeitlichen Rhythmus ausgewechselt werden wie Führungskräfte. Was der eine Manager eingeführt hat, schafft sein Nachfolger wieder ab.

Das ist grundsätzlich nicht zu vermeiden, da organisatorische Innovationskonzepte leichter austauschbar sind als technische. Steht eine Roboterstrasse erst einmal, kann sie nicht einfach von heute auf morgen durch eine andere Technologie ersetzt werden. Bei Organisationsansätzen ist dies sehr wohl möglich. Dies hat den Vorteil, dass Fehler schneller korrigiert werden können. Dennoch schadet das heute in vielen Unternehmen betriebene organisatorische Innovationshopping ihrer Wettbewerbsfähigkeit mehr als dass es ihr nützt. Verloren geht vor allem die klare Linie des organisatorischen Veränderungsprozesses, ohne die nicht nur die Orientierung fehlt, sondern sich auch über kurz oder lang ein ziemliches Organisationschaos breit macht.

Abhilfe schafft hier nur ein Vorgehen, dass dafür sorgt, dass die in Angriff genommenen organisatorischen Veränderungen auch tatsächlich realisiert, auf ihre Wirksamkeit überprüft und kontinuierlich weiterentwickelt werden. Hinzu kommt, dass unterschiedliche Ansätze, die mehr oder weniger nebeneinander her, wenn nicht sogar gegeneinander betrieben werden, in einen systematischen Zusammenhang zueinander gebracht werden. So abgegriffen und problematisch der Begriff ganzheitlich auch immer sein mag – organisatorische Innovationen bedürfen mehr denn je einer ganzheitlichen Beschreibung, aus der deutlich wird, wie einzelne Ansätze aufeinander aufbauen und einander ergänzen. Nur so wird es möglich, auch die Umsetzung nicht dem freien Spiel der Kräfte zu überlassen, sondern zielgerichtet und koordiniert anzugehen.

Gerade weil heute aufgrund des immensen Rationalisierungs- und Veränderungsdrucks mehrere organisatorische Baustellen gleichzeitig aufzumachen sind, bedarf es klarer konzeptioneller Orientierungen, die deutlich machen, dass es um den organisatorischen Umbau ganzer Unternehmen geht. Diese Umbau kann aber niemals auf einen Schlag komplett, sondern nur in Gestalt von zeitlich versetzten Einzelbaustellen betrieben werden. Umso wichtiger ist es, dass deutlich wird, wie diese Einzelbaustellen den Unternehmen insgesamt zu einer in sich schlüssigen neuen Organisationsform verhelfen.

Ziel- und Ergebnisorientierung

Ohne präzises Ziel ist jede Umsetzungsmaßnahme im Zweifel ein Treffer; denn mit jeder Umsetzungsmaßnahme wird in den Unternehmen immer irgendetwas bewirkt, was sich im nachhinein möglicherweise als Ziel deklarieren lässt. Relativ selten setzen sich die Unternehmen jedoch klare Etappenziele im Umsetzungsprozess, an denen der Umsetzungsfortschritt gemessen werden kann. Organisatorische Innovationskonzepte werden zwar mit Zielen versehen, diese bleiben aber so allgemein und nicht selten auch unverbindlich, dass die Unternehmen Mühe haben, ihre Zielrealisierung zu überprüfen. Die Umsetzungsprozesse werden so gut wie überhaupt nicht von den Zielen, sondern vom mit ihnen verbundenen Aufwand her gesteuert. Die Veränderungsmaßnahmen schieben die Unternehmen in der Hoffnung vor sich her, in der Abwicklung des normalen Tagesgeschäfts genügend Lücken zu finden, die genutzt werden können, um die zeitraubenden Umsetzungsmaßnahmen durchführen zu können. Terminiert und zeitlich strukturiert werden die Maßnahmen nicht unter Berücksichtigung definierter inhaltlicher und zeitlicher Ziele, sondern entsprechend der Möglichkeiten, die das Tagesgeschäft lässt. Immer wieder werden Umsetzungsmaßnahmen verschoben, weil für sie gerade keine Zeit gefunden werden kann. Die Umsetzungsprozesse verzögern sich dadurch erheblich und die mit der Innovationsmaßnahme verbundenen Ziele verschwinden allmählich hinter dem Horizont.

Um dies zu vermeiden, ist es zwingend erforderlich, Umsetzungsprozesse so zu strukturieren und mit Etappenzielen zu verknüpfen, dass für Führungskräfte und Mitarbeiter ein hinreichender Zwang besteht, sich nicht nur um das Tagesgeschäft, sondern auch um die Umsetzung der geplanten organisatorischen Maßnahmen zu kümmern. Die Umsetzung organisatorischer Innovationskonzepte ist insofern ein durch gezielt gesetzte Zwänge zu steuernder Prozess, der dem freien Willen aller Beteiligten und Betroffenen klare Grenzen setzt. Nur so sind jene Gewichte zu erzeugen, die gegen die Zwänge des Tagesgeschäfts ins Spiel gebracht werden müssen, die jedem einzelnen immer wieder Anlass geben, von der konsequenten und zügigen Umsetzung organisatorischer Veränderungskonzepte abzulassen.

Vertrauen und Kontrolle

Die Umsetzung organisatorischer Veränderungen ist nicht möglich, ohne dass allen Führungskräften und Mitarbeitern ein hinreichendes Maß an Vertrauen geschenkt wird, dass sie die notwendigen Maßnahmen unterstützen und mit vorantreiben. In vielen Unternehmen mangelt es an dem notwendigen Vertrauensvorschuss, da insbesondere das Topmanagement davon ausgeht, dass die Mehrzahl der Führungskräfte und Mitarbeiter nicht bereit sind, sich ohne Druck und Kontrolle für die Veränderungen zu engagieren. Dieses Misstrauen findet seine objektive Grundlage in dem Sachverhalt, dass die Erhaltung des organisatorischen Status quo in der Tat eher dem Normalverhalten der meisten Beteiligten entspricht als dessen Veränderung. Vom Gegenteil auszugehen, wäre daher nur naiv, zumal wir ja gesehen haben, dass die Umsetzung organisatorischer Veränderungen notgedrungen mit den Zwängen des Arbeitsalltags in Konflikt gerät. Organisatorische Innovationen sind keine Selbstläufer, deren Kraft sich aus dem Mehrheitswunsch nach Veränderung speist. Das ändert sich in aller Regel zwar in dem Maße, wie die Umsetzung vorankommt und Erfolge zeigt. Gleichwohl lehrt jedoch die Erfahrung, dass selbst erfolgreiche organisatorische Veränderungen über kurz oder lang scheitern, wenn sie nach dem Motto gestaltet werden, dass alle Beteiligten gleichsam aus eigenem Antrieb den Veränderungsprozess vorantreiben würden.

Ein gesundes Misstrauen in die Veränderungsbereitschaft aller Führungskräfte und Mitarbeiter ist daher nicht nur durchaus geboten, sondern dringend erforderlich. Es darf sich jedoch nicht in erster Linie auf die beteiligten und betroffenen Personen, sondern muss sich auf die Funktionsweise von Organisationen richten, die den Beteiligten die allseits bekannte Veränderungsresistenz nahe legt. Immer gilt es zunächst zu taxieren, welche Konsequenzen eine organisatorische Veränderung nicht nur für den eigenen Bereich, sondern nicht zuletzt auch für einen selbst hat. Wer in Unternehmen insofern zu veränderungsoffen ist, wird daher von anderen zurecht als nicht ganz dicht betrachtet. Vernünftige Veränderungsbereitschaft darf nicht mit Veränderungsseeligkeit verwechselt werden.

Alle Führungskräfte und Mitarbeiter sind daher gut beraten, der Veränderung selbst zunächst einmal mit dem notwendigen Maß an Misstrauen zu begegnen. Dieses Misstrauen speist wiederum das Misstrauen des oberen Managements in die Veränderungsbereitschaft der Führungskräfte und Mitarbeiter. Alle Beteiligten bestärken sich auf diese Weise gegenseitig in Misstrauensbezeugungen, die dazu führen, dass die Unternehmen in einer Misstrauensfalle sitzen, aus der sie kaum herausfinden. Worauf es also ankommt, ist zunächst der Abbau des Misstrauens in das jeweilige Veränderungs-

Maß an Vertrauen ein Unternehmen seinen Führungskräften und Mitarbeitern schenkt, sondern auch in Hinblick auf die Frage, wie sehr es sich für den Fortschritt der eingeleiteten Veränderungsmaßnahmen interessiert. Wenn Unternehmensleitungen, möglicherweise unter Verweis auf das hohe Maß an Vertrauen, das sie ihren Führungskräften und Mitarbeitern schenken, darauf verzichten, sich anhand von Kennzahlen und Berichten über den Umsetzungsfortschritt zu informieren, wird dies – meist zurecht – als Desinteresse an der Veränderung gewertet und mit einem nachlassenden Veränderungsengagement quittiert.

Kontrollverzicht ist für die erfolgreiche Umsetzung organisatorischer Innovationen daher ebenso tödlich wie die Verweigerung jeglichen Vertrauensvorschusses in die Veränderungsbereitschaft und -fähigkeit aller Führungskräfte und Mitarbeiter. Geboten ist vielmehr, wie Reinhard K. Sprenger (2002, S. 70 ff.) überzeugend herausgearbeitet hat, das richtige Mischungsverhältnis zwischen Vertrauen und Kontrolle. Es wird nicht allein von der tatsächlichen Veränderungsbereitschaft aller Beteiligten, sondern vor allem auch von dem Veränderungsvorhaben selbst bestimmt. Weitreichende organisatorische Innovationen, die viel Anstrengung und manche Opfer verlangen, sind stärker zu kontrollieren als Veränderungen, bei denen es nicht um allzu viel geht. Unternehmen, die hier auf Kontrollmaßnahmen weitgehend verzichten, signalisieren allen Beteiligten nur, dass sie zwar Großes planen, sich aber nicht wirklich zutrauen, ihre Vorhaben auch zu realisieren.

Kampf um Geländegewinn

Geht es bei der Entwicklung der Innovationsansätze in der Hauptsache um die Lufthoheit in der Welt der Ideen und Konzepte, spielt sich die Umsetzung gleichsam am Boden ab. Die Treiber der Veränderungen haben nun unter Beweis zu stellen, dass sie dazu in der Lage sind, nach vorne zu marschieren, Terrain zu gewinnen und dieses zu behalten. Nicht selten kommen sie dabei auf vermintes Gelände, wo jeder unbedachte Schritt ein Schritt zu viel sein kann. Tretminen müssen im Umsetzungsprozess daher entweder umgangen oder entschärft werden. Hierfür bedarf es eines besonders scharfen Gespürs für die jeweiligen Interessen- und Kräftekonstellationen. Wer in dieser Hinsicht blind in die Umsetzung organisatorischer Veränderungen hineinläuft, kann nur scheitern.

Political Engineering wird in den Umsetzungsprozessen für die Treiber der Veränderungen im wahrsten Sinne des Wortes zu einer Überlebensfrage. Hier entscheidet sich nicht nur die Zukunft des jeweiligen Innovationskonzepts, sondern unter Umständen auch die berufliche Zukunft der für die Umsetzung verantwortlichen Manager. Bei organisatorischen Veränderungen gilt in den Unternehmen zwar meist eine vergleichsweise große Fehlertoleranz, nicht selten müssen jedoch auch Schuldige gefunden werden, wenn die Umsetzung eines Konzepts nicht gelungen ist.

Erfolg und Misserfolg liegen bei der Umsetzung organisatorischer Innovationen eng beieinander. Das hängt im wesentlichen damit zusammen, dass die jeweiligen Interessen- und Kräftekonstellationen normalerweise nicht sehr stabil sind und sich schnell ändern können. Allein personelle Wechsel im Management können zu einer so vollständig veränderten Gefechtslage führen, dass ein Veränderungsvorhaben entweder einen nie gekannten Schwung erhält oder völlig im Sande verläuft. Das wissen nicht nur die Treiber der Veränderungen, sondern auch die Bremser, ganz zu schweigen von den Abwartenden. Alle Beteiligten und Betroffenen beobachten daher mit Argusaugen, was sich bei den Stellenbesetzungen im oberen und mittleren Management tut, und ob sich durch personelle Wechsel im Management die Kräftekonstellationen eher zugunsten der Treiber oder eher zugunsten der Bremser verschieben. Je nachdem ändern dann alle Beteiligten und Betroffenen ihr Verhalten im Umsetzungsprozess, da sie sich in aller Regel recht flexibel den neuen Bedingungen anpassen. Aus glühenden Verfechtern der Veränderung können auf diese Weise, gleichsam über Nacht, ebenso glühende Gegner werden, während sich umgekehrt Gegner einer Veränderung auch ohne weiteres in Verfechter verwandeln können, wenn sie ihre Gegnerschaft nicht mehr für aussichtsreich halten.

Dieses opportunistisch anmutende Verhalten, das wir keineswegs nur in politischen Parteien, Parlamenten und Regierungen, sondern auch in Unternehmen antreffen, mag moralisch vielfach zweifelhaft sein; würden die Beteiligten jedoch stur auf ihren einmal eingenommenen Standpunkten beharren, würden die meisten Veränderungsprozesse unweigerlich an jenen Blockaden scheitern, die dann entstehen, wenn sich Befürworter und Gegner eines Innovationsansatzes in etwa gleich stark gegenüberstehen. Gerade die Treiber von organisatorischen Veränderungen sind in hohem Maße darauf angewiesen, dass nicht nur die Abwartenden, sondern auch die Bremser in ihren Einstellungen und ihrem Verhalten so anpassungsfähig sind, dass sie nicht nur ihre Widerstände aufgeben, sondern sich möglicherweise sogar mit an die Spitze des Veränderungsprozesses setzen. Moralisch zu verurteilen sind seitens der Treiber von Innovationsprozessen daher nicht neu hinzugewonnene Mitstreiter, sondern immer nur jene Opportunisten, die sich in die falsche Richtung bewegen.

Grundsätzlich lassen sich, wie in Abbildung 3.2. dargestellt, drei Konstellationen zwischen den Treibern und Bremsern einer organisatorischen Veränderung voneinander unterscheiden. Sie haben für die Umsetzung jeweils unterschiedliche Konsequenzen.

Nur selten gelingt es, dass die Treiber einer organisatorischen Innovation von Anbeginn an in der Vorhand sind und bleiben. Meist müssen sie sich diese Position erst einmal erkämpfen und dann, vor allem im Umsetzungsprozess, mit der notwendigen Zähigkeit verteidigen. Ein einmal errungener Geländegewinn kann nur in den seltensten Fällen als gesichert gelten, sondern muss dauerhaft verteidigt und selbstverständlich weiter ausgebaut werden. Dies geschieht selten in offenen Feldschlachten, sondern in langwierigen Stellungskämpfen. Für beide Fälle bedarf es allerdings wiederum einiger Regeln, ohne deren Berücksichtigung weder Feldschlachten noch Stellungskämpfe in Innovationsprozessen zu gewinnen sind.

Treiber haben Oberhand	Treiber und Bremser sind gleich stark	Bremser haben Oberhand
Innovation kommt zügig voran, da Managementressourcen konzentriert für Innovation eingesetzt werden	Innovation stagniert, da Managementressourcen in Grabenkämpfen verschwendet werden	Innovation versandet oder wird eingestellt, da Managementressourcen auf Erhaltung des Bestehenden konzentriert werden

Abb. 3.2. Umsetzungskonstellationen

3.2 Regeln und Beispiele für den Umsetzungsstart

Regel 10: Interessenlagen sondieren und Bündnispartner gewinnen

Nur die wenigsten organisatorischen Veränderungsmaßnahmen sind auf einzelne Funktionen und Bereiche zu beschränken, in denen sie hauptsächlich umgesetzt werden sollen. Immer tangieren sie mehr oder minder auch andere Bereiche und Funktionen. Sollen zum Beispiel die Materialbestände in der Produktion vermindert werden, geht dies nicht, ohne dass der Logistikbereich entsprechend umgestellt wird. Ebenso muss sich der Produktionsbereich anders organisieren, wenn der Qualitätsbereich veränderte Prüfprozesse einführen will.

Dies hat zwangsläufig zur Folge, dass jeder Manager, der in seinem Verantwortungsbereich eine organisatorische Veränderung durchführen will, auf die Mitwirkung tangierender Bereiche angewiesen ist. Nur wenige organisatorische Veränderungen lassen sich im Alleingang bewerkstelligen. Die Mitwirkung tangierender Bereiche lässt sich grundsätzlich auf zweierlei Wegen erreichen. Zum einen besteht die Möglichkeit, die verantwortlichen Manager dieser

Bereiche davon zu überzeugen, dass die geplante Veränderung notwendig ist und auch für sie Vorteile hat. Darüber hinaus kann jedoch auch versucht werden, denjenigen Manager, der zum Beispiel für den Produktions- und Logistikbereich die Gesamtverantwortung trägt, dafür zu gewinnen, dass die Veränderungen umgesetzt werden. Er kann Kraft Amtes entscheiden, dass in allen betroffenen Bereichen die notwendigen Maßnahmen durchgeführt werden.

Wenn er dies tut, ist indes keineswegs sichergestellt, dass auch alle Bereiche wirklich mitziehen. Wenn nämlich die verantwortlichen Manager der tangierenden Bereiche von den Auswirkungen, die organisatorische Veränderungen auf die dortigen Strukturen und Abläufe haben, nicht überzeugt sind, werden sie formell der Veränderung zwar unter Umständen zustimmen, sie aber nicht wirklich unterstützen. Vielmehr werden sie zu beweisen suchen, dass die Veränderungsmaßnahmen insbesondere für ihre Bereiche Nachteile haben, die dem gesamten Unternehmen schaden. Im Umsetzungsprozess entwickelt sich auf diese Weise ein Konfliktpotenzial, das nicht selten dazu führt, dass er über kurz oder lang zum Erliegen kommt.

So wichtig es ist, dass Entscheidungen über organisatorische Veränderungen von denjenigen Ebenen getroffen werden, die umfassende Führungsverantwortung tragen, so unverzichtbar ist es, die verantwortlichen Führungskräfte aller betroffenen Bereiche mit ins Boot zu bekommen, um eine organisatorische Veränderung voranzubringen. Das gilt schon während der Phase der Konzeptentwicklung, noch mehr aber während der Phase der Umsetzung, wo es entscheidend darauf ankommt, dass alle Bereiche das Ihre dazu beitragen, dass die notwendigen Maßnahmen ergriffen und durchgeführt werden.

Die Treiber organisatorischer Innovationen müssen sich daher frühzeitig ein Bild darüber verschaffen, welche Bereiche von ihren geplanten Veränderungen wie betroffen sind. Außerdem werden sie sich kundig machen müssen, welche organisatorischen Veränderungen in diesen Bereichen ihrerseits möglicherweise vorgesehen sind, und ob diese Maßnahmen sich mit ihren eigenen vertragen. Und schließlich müssen sie die Frage untersuchen, ob die von ihnen geplanten Maßnahmen für die tangierenden Bereiche und deren Manager von Vorteil oder von Nachteil sind. Davon hängt nämlich entscheidend ab, wie diese sich gegenüber ihren Plänen verhalten werden.

Erst wenn man sich ein Bild von den unterschiedlichen Interessenlagen verschafft hat, ist es möglich, für die Umsetzung der geplanten Maßnahmen nach Bündnispartnern zu suchen. Eine entscheidende Rolle spielen dabei, neben den hierarchisch höherrangigen Führungskräften, die gleichrangigen Führungskräfte tangierender Bereiche. Unter ihnen müssen Mitstreiter gewonnen werden, die nicht nur die eigenen Konzepte akzeptieren, sondern auch dazu bereit sind, ihre eigenen Strukturen und Abläufe in Frage zu stellen und den Erfordernissen anderer Bereiche neu anzupassen. Dies geht in der Regel nur, wenn ihnen deutlich gemacht werden kann, dass eine solche Veränderung für ihren Bereich (und möglicherweise für sie selbst) mehr Vor- als Nachteile haben wird. Nur dann werden sie bereit sein, sich in die Phalanx der Treiber der geplanten organisatorischen Innovation einzureihen.

Praxisbeispiel

Um die Nutzungsgrade seiner Maschinen und Anlagen zu verbessern, beschloss der Produktionsleiter eines Maschinenbauunternehmens, den direkten Produktionsmitarbeitern mehr Verantwortung für die Analyse und Beseitigung maschineller Störungen zu übertragen. Er hatte bei einigen Besuchen bei vergleichbaren Unternehmen festgestellt, dass dort der Anteil der Störzeiten an den Gesamtzeiten der Maschinen und Anlagen deutlich verringert werden konnte, weil die dortigen Arbeiter einen Teil der Störungen selbst beheben. Zu diesem Zweck haben diese Unternehmen unter dem Titel Total Productive Maintenance (TPM) Konzepte entwickelt und umgesetzt, die eine Integration spezifischer Instandhaltungstätigkeiten in die Produktionsverantwortung herbeiführen.

Diese Konzepte stellten sie dem Produktionsleiter nicht nur vor, sondern händigten sie ihm sogar aus. Bei dem Studium dieser Konzepte stellte er gemeinsam mit den ihm direkt unterstellten Führungskräften fest, dass sie mit leichten Anpassungen auch auf seinen Produktionsbereich übertragbar waren. Er beschloss daher mit seinem Führungskreis, dass auch in seinem Verantwortungsbereich TPM praktiziert werden sollte und beauftragte seinen Assistenten,

auf der Basis der Unterlagen der besuchten Unternehmen ein eige-
nes Konzept zu entwickeln. Dies wurde schon wenige Tage später
wiederum in seinem Führungskreis besprochen, leicht abgewandelt
und gemeinsam verabschiedet.

Es sah vor, dass ein Großteil insbesondere der mechanischen In-
standhaltungstätigkeiten von den Produktionsarbeitern selbst erle-
digt werden, zumal diese in ihrer überwiegenden Mehrheit über eine
einschlägige Facharbeiterausbildung verfügten. Um sie dennoch
nicht zu überfordern, wurde ein Stufenplan entwickelt, der sie
schrittweise an eine umfassende Instandhaltungsverantwortung he-
ranführen sollte. Die Spezialisten der Instandhaltung sollten sich in
Zukunft auf die elektrisch-elektronische Instandhaltung, auf größere
Reparaturen sowie die vorbeugende Instandhaltung beschränken.
Dies würde den Instandhaltungsbereich von dem ohnehin kaum zu
bewältigenden Leistungsdruck befreien und dort Freiräume zum
Beispiel für vorbeugende Instandhaltungsmaßnahmen oder auch die
dringend zu verbessernde Zusammenarbeit mit Maschinenlieferan-
ten schaffen.

Der Produktionsleiter zeigte sein Konzept dem Werkleiter, der mit
den Vorschlägen, nachdem ihm die damit geplanten Einsparpotenzi-
ale in der Produktion aufgezeigt worden sind, grundsätzlich einver-
standen war. Er wies allerdings darauf hin, dass das Konzept mit
dem Leiter des Instandhaltungsbereichs abzustimmen sei. Der Pro-
duktionsleiter schlug daher vor, das Konzept in der Führungskreis-
sitzung des Werkleiters zu präsentieren und zu diskutieren. Dabei
hoffte er insgeheim, dass der Werkleiter das Konzept in dieser Run-
de gutheißen würde und deswegen keine größeren Diskussionen,
insbesondere mit dem Leiter des Instandhaltungsbereiches, entste-
hen würden, mit dem er aufgrund der langen Störzeiten seiner Ma-
schinen ohnehin im Streit lag. Er händigte diesem daher im Vorfeld
sein Konzept auch nicht aus.

Bei der Präsentation im Führungskreis kam es schnell zum Eklat.
Der Instandhaltungsleiter verbat sich solch weitreichende Eingriffe
durch einen Nachbarbereich in seinen Verantwortungsbereich und
wies darauf hin, dass in vielen Unternehmen, wo ähnliche Ansätze
versucht worden waren, diese nach einiger Zeit wieder zurückge-
nommen worden seien. Die zunehmende Komplexität der Maschinen
und Anlagen erfordere gerade auf dem Instandhaltungssektor ein

Spezialwissen, über das kein Produktionsarbeiter verfügen könne. Bestenfalls sei vorstellbar, dass einfachste Wartungsarbeiten der Produktion übertragen werden, was die Instandhaltung entlaste. Diese könne sich dann besser um die störanfälligen Maschinen kümmern. Außerdem sei kein Instandhaltungsarbeiter bereit, in die Produktion zu wechseln.

Der Werkleiter beauftragte die beiden Kontrahenten, das vorgelegte Konzept gemeinsam zu überarbeiten, was diese auch taten. Sie einigten sich schließlich auf eine Vorgehensweise, die eine Teilintegration von Instandhaltungsarbeiten vorsah, die dann mit dem Werkleiter gemeinsam beschlossen wurde. Im Umsetzungsprozess kam es jedoch zu erheblichen Problemen, da weitgehend unklar blieb, wer für welche Arbeiten zuständig sein sollte. Darüber hinaus stellten sich weder die prognostizierten verminderten Störzeiten in der Produktion noch die geplanten Personaleinsparungen in der Instandhaltung ein. Das Projekt galt schon nach kurzer Zeit als weitgehend gescheitert, so dass unter der Hand wieder die alte Arbeitsteilung zwischen Produktion und Instandhaltung praktiziert wurde.

Der Produktionsleiter zog daraus seine Lehren und verfuhr in einem anderen Falle, wo es um die Integration von Aufgaben der Qualitätssicherung in die Produktion ging, anders. Er nahm frühzeitig Kontakt zum Leiter des Qualitätswesens auf und besuchte mit diesem gemeinsam andere Unternehmen. Dem Leiter der Qualitätssicherung wurde dabei verdeutlicht, dass durch eine Übernahme von Qualitätsaufgaben durch die Produktion sein Bereich zwar etwas kleiner werden, seine Verantwortung aber zugleich zunehmen würde, da sein Einfluss auf die Produktentwicklung gestärkt wäre. Deshalb wurde auch der Leiter des Entwicklungsbereiches in die konzeptionellen Arbeiten mit einbezogen, der diese dann ebenfalls unterstützte.

Alle drei ließen daraufhin unter Federführung des Produktionsleiters von einer Arbeitsgruppe, die sich aus Fachleuten der Produktion, des Qualitätswesens und zeitweise der Entwicklung zusammensetzte, ein Konzept entwickeln, das sie gemeinsam dem Werkleiter vorstellten. Nach einigen Überarbeitungsschleifen wurde das Konzept verabschiedet und erfolgreich umgesetzt. Es führte nicht nur zu einer deutlichen Qualitätsverbesserung, sondern auch zu Personaleinsparungen im Qualitätsbereich.

Zwei Jahre später wechselte der bisherige Instandhaltungsleiter in die Produktionsleitung, während der Produktionsleiter die Instandhaltung übernahm. Eine der ersten Maßnahmen, die der neue Produktionsleiter durchführte, war die Wiederbelebung und diesmal erfolgreiche Umsetzung des alten TPM-Konzepts. Der neue Instandhaltungsleiter unterstützte ihn dabei – mit einem lachenden und einem weinenden Auge.

Regel 11: Funktions- und Rollenveränderungen klären

Organisatorische Innovationen führen notgedrungen zu veränderten Funktionen und Aufgaben, manchmal auch zum vollständigen Verschwinden derselben. Dies gilt keineswegs nur für die Mitarbeiter, sondern ebenso für die Führungskräfte. Dass dies im Management Unruhe und Widerstände erzeugt, liegt auf der Hand. Funktions- und Rollenveränderungen sind daher nicht nur in Bezug auf die Mitarbeiter, sondern vor allem auch in Bezug auf das Management offen zu legen und entsprechend zu bearbeiten.

Auch dies kann wiederum nur durch das Topmanagement geschehen, das es leider nur allzu oft unterlässt, das operative Management auf seine veränderte Funktion und Rolle vorzubereiten. Dies geschieht in dem Glauben, Widerstände dadurch vermeiden zu können, dass die Auswirkungen auf Funktionen und Rollen einfach verschwiegen werden. Das mag am Beginn einer organisatorischen Innovation sinnvoll und hilfreich sein; je weiter der Umsetzungsprozess jedoch voranschreitet, desto weniger ist es zielführend, an dieser Taktik festzuhalten. Die immer stärker werdenden Verunsicherungen führen dann nämlich zwangsläufig dazu, dass das operative Management sein Handeln mehr an der Absicherung seiner bisherigen Funktionen und Rollen als an der Umsetzung der organisatorischen Innovation ausrichtet.

Auch hier kennen wir aus der Praxis der Umsetzung von Lean Production wiederum zahlreiche Beispiele, die zeigen, dass durch eine frühzeitige Klärung neuer Funktionen und Rollen, zum Beispiel der Meister, gewährleistet werden kann, dass das operative Management die organisatorische Innovation mitträgt und sie nicht sabotiert. Auf – meist stille – Sabotage stoßen wir hingegen immer dann, wenn das operative Management in dem Glauben gelassen wird, an seiner Funktion und Rolle ändere sich nichts, während es zugleich praktisch spürt, dass dies in keiner Weise der Wirklichkeit entspricht. Um die Kluft zwischen Glauben und realer Erfahrung nach Möglichkeit nicht entstehen zu lassen, muss das Topmanagement das operative Management spätestens zu Beginn der praktischen Umsetzung der Innovationsmaßnahmen auf seine neue Funktion und Rolle vorbereiten. Es müssen neue Perspektiven aufgezeigt werden, die vor allem eines deutlich machen: trotz möglicher Einbußen an Aufgaben und Entscheidungsbefugnissen gibt es neue Aufgaben und Kompetenzen, die einen wichtigen Beitrag zum Erfolg des Unternehmens leisten.

Wo dies nicht möglich ist, muss die Unternehmensleitung sich schnell und konsequent überflüssig gewordener Funktionen entledigen oder sie zumindest so isolieren, dass sie keinen Schaden anrichten können. Wenn sie dies nicht tut, läuft sie Gefahr, dass die Umsetzung der Innovation dadurch behindert wird, dass innerhalb des operativen Managements oder zwischen diesem und den Beschäftigten Kleinkriege um unklare Aufgaben- und Kompetenzverteilungen ausgetragen werden, die den Innovationsprozess stark behindern. Die überflüssig gewordenen Teile des operativen Managements werden nämlich mit Nachdruck darauf hin arbeiten, diesen Zustand wieder zu ändern. Sie werden alles daran setzen nachzuweisen, dass die neuen Abläufe nicht zu besseren, sondern zu schlechteren Ergebnissen als die alten führen, und werden nichts unversucht lassen, die Misserfolgs- und nicht die Erfolgschancen der Innovation zu steigern. Da es für organisatorische Innovationen in aller Regel keine gottgegebenen Erfolgsgarantien gibt, stellen derlei Aktivitäten eine ernstzunehmende Gefahr dar. Sie sind durchaus dazu geeignet, den Innovationsprozess im Keim zu ersticken.

Praxisbeispiel

In einem Unternehmen der Elektroindustrie wurden in Verbindung mit Gruppenarbeit und KVP die Leistungsstandards in der Produktion nicht mehr von den arbeitswirtschaftlichen Experten festgelegt, sondern zwischen den Gruppen und ihren Vorgesetzten (Meistern) auf der Grundlage von Zeitdaten vereinbart. Das Management und der Betriebsrat des Unternehmens wollten auf diese Weise die Ver-

antwortung der unteren Führungskräfte und der Mitarbeiter für die Leistungsgestaltung stärken. Die zeitwirtschaftlichen Experten von Management- und Betriebsratsseite sollten die Meister und Gruppen bei der regelmäßigen Überprüfung und Verbesserung der Leistungsstandards unterstützen, ihnen aber nicht mehr wie bislang die Verantwortung dafür vollständig abnehmen. Dazu wurde eine entsprechende Betriebsvereinbarung abgeschlossen.

Das neue Vorgehen führte dazu, dass nicht nur die Meister und ihre Mitarbeiter in eine neue Verantwortung kamen, sondern dass die bisherigen Experten der Leistungsgestaltung eine neue Funktion erhielten. Sie verfügten nicht mehr über ein Aufgabenmonopol, das sie sich durch praktische Erfahrung und Schulung in zeitwirtschaftlichen Verfahrensweisen (REFA, MTM) angeeignet haben, sondern mussten dieses Wissen nun plötzlich mit anderen teilen. Die Gestaltung von Leistungsstandards oblagt nicht mehr alleine ihnen, sondern auch den Meistern und Mitarbeitern, die es allerdings teilweise durchaus vorzogen, dass diese schwierige Aufgabe von Experten erledigt wurde. Die Mehrverantwortung wurde keineswegs von allen, die sie übernehmen sollten, akzeptiert und wahrgenommen.

Das war aber nur das eine Problem. Spiegelbildlich hielten nicht wenige der zeitwirtschaftlichen Experten an ihrem bisherigen Aufgabenmonopol fest und entzogen weiterhin den Meistern und Mitarbeitern jegliche Verantwortung für die Ermittlung und Festlegung von Leistungsstandards. Sie fürchteten nämlich, dass sie überflüssig werden könnten, wenn sie dies so nicht mehr tun. Nur allzu sehr war ihnen bewusst, dass Effizienzsteigerung etwas ist, was auch mit der Einsparung indirekter Funktionen verbunden sein kann. In dieser Sicht der Dinge waren sich im übrigen die Experten von Management- und Betriebsratseite völlig einig, wenngleich die Betriebsräte weniger um ihre Arbeitsplätze fürchten müssen als ihre Kollegen im Management. Sie fürchteten jedoch, durch das neue Vorgehen die direkte Kontrolle über den Leistungsprozess zu verlieren, die für sie eine wesentliche Grundlage ihrer Identität als Interessenvertreter der Mitarbeiter war.

Das neue System der Leistungsgestaltung kam aufgrund dieser Gemengelage zunächst nicht richtig zum Laufen. Die vielgepriesene Delegation von Verantwortung und Entscheidungsbefugnissen funktionierte vorerst nicht so, wie ihre Verfechter dies erwarteten. Viel-

mehr kam es zu stillen Bündnissen zwischen allen Beteiligten, die dafür sorgten, dass die Aufgaben- und Funktionsverteilungen mehr oder weniger so blieben wie sie waren. Erst als die mit dem neuen Verfahren verbundenen Funktions- und Rollenveränderungen bei allen Beteiligten offen thematisiert und die Beteiligten auf ihre neuen Aufgaben auch systematisch vorbereitet wurden, änderte sich dies allmählich. Entscheidend war in diesem Zusammenhang nicht nur, dass die neuen Aufgaben und Funktionen erkannt worden sind, sondern dass auch allen Beteiligten klar wurde, dass sie im Prozess der Leistungsgestaltung weiterhin eine Rolle, wenn auch eine veränderte, spielten.

Regel 12: Fachliche Kompetenz aufbauen

Organisatorische Innovationen müssen seitens des Topmanagements den Führungskräften und Mitarbeitern nicht nur in ihrer strategischen Bedeutung verständlich gemacht werden; das Topmanagement muss sich auch um ihre Realisierung kümmern. Diese beginnt nicht erst dann, wenn einzelne neue Arbeitsmethoden vor Ort angewendet werden, sondern in den Köpfen, möglicherweise auch in den unmittelbaren Verantwortungsbereichen des Topmanagements, wo sich natürlich Fragen einer effektiven und effizienten Organisation gleichermaßen stellen. Schlank können und sollten nicht nur die Abteilungen auf operativer, sondern auch auf strategischer Ebene sein.

Nicht selten halten es Unternehmensleitungen in keiner Weise für geboten, sich selbst mit den neuen Prinzipien und Methoden praktisch vertraut zu machen und sie dort, wo es Sinn macht, auch selbst anzuwenden. Gerade bei neuen Prinzipien und Methoden kommt es jedoch darauf an, sie nicht nur gut zu kennen, sondern sie nach Möglichkeit auch anderen vermitteln zu können. Wie will das Management sonst entscheiden, ob sie richtig oder falsch sind? Und wie will es sonst glaubhaft machen, dass es sie auch selbst versteht und richtig anzuwenden vermag?

Das Topmanagement kann und soll nicht zum besten Experten der organisatorischen Innovation werden, wohl soll und kann es sich jedoch mit den neuen Prinzipien und Methoden so intensiv auseinandersetzen, dass es sich ein hinreichendes Urteil über ihre Inhalte und ihren Nutzen bilden kann. Organisatorische Innovationskonzepte müssen, da sie etablierte Strukturen und Abläufe ersetzen sollen, zunächst vom Topmanagement verstanden und erläutert werden, bevor überhaupt eine Chance besteht, dass sie von den Führungskräften und Mitarbeitern ernst genommen werden.

Ein wichtiger Erfolgsfaktor der Umsetzung organisatorischer Innovationen ist daher, dass sich das Topmanagement fachlich mit den neuen Prinzipien und Methoden ausreichend vertraut macht. Diese Vorgehensweise weicht von der üblichen Vorgehensweise bei der Steuerung von Innovationsprojekten deutlich ab. Normalerweise beschränkt sich das Topmanagement darauf, die organisatorische Innovation zu beschließen, eine Projektorganisation mit einem Steuerkreis und Projektgruppen zu schaffen und sich dann in regelmäßigen oder unregelmäßigen Abständen im Steuerkreis über den Fortschritt der Innovation von einem Projektleiter mittleren oder niederen Ranges berichten zu lassen.

Dies sind, wie wir noch sehen werden, zwar wichtige Maßnahmen; sie erzeugen aber nicht die persönliche Authentizität und Glaubwürdigkeit, die zum Beispiel ein Vorstand den ihm unterstellten Werkleitern vermittelt, wenn er sie selbst in den neuen Prinzipien und Methoden schult. Erst dann unterstreicht er nicht nur, dass er die Innovation selbst versteht, sondern dass er es ernst mit ihr meint und es sich nicht wieder einmal um eine jener Innovationsmoden handelt, von denen die Unternehmen in den letzten Jahren geradezu überflutet worden sind.

Gerade sie haben die Glaubwürdigkeit des Topmanagements in vielen Unternehmen bei organisatorischen Innovationen erheblich beschädigt. Die Führungskräfte und Mitarbeiter haben den Eindruck gewonnen, dass organisatorische Innovationen keine wirklich ernstzunehmenden Veränderungsmaßnahmen, sondern Programme sind, deren Halbwertszeit sich zusehends reduziert. Dies wissen die Führungskräfte und Mitarbeiter und fragen sich daher bei jeder weiteren Innovation, wie ernst sie eigentlich zu nehmen ist.

Nicht zuletzt deswegen kann Glaubwürdigkeit mit einem Innovationsvorhaben nur dann verbunden werden, wenn das Topmanagement selbst für alle erkennbar seine Zeit opfert, um sich mit der Innovation fachlich auseinander zu setzen und sie zu lehren. Dies unterstreicht die strategische Bedeutung des Vorhabens mehr als jede Broschüre, jedes Rundschreiben oder auch jedes Interview, das in hausinternen Zeitschriften oder auch anderswo gegeben wird. Erfahrene Führungskräfte und Mitarbeiter beurteilen das Topmanagement nicht nach seinen Worten, sondern nach seinen Taten. Organisatorische Innovationsprogramme werden in diesem Zusammenhang besonders kritisch begutachtet, sind sie doch in besonderer Weise dazu geeignet, den Worten keine Taten folgen zu lassen, ohne dass sich dies im Unternehmen unmittelbar auswirken muss.

Der angerichtete Schaden ist zunächst mehr moralischer als materieller Art. Eine ruinierte Innovationsmoral wird einem Unternehmen jedoch über kurz oder lang auch immer materiellen Schaden zufügen, wenn es nicht mehr in der Lage ist, organisatorische Innovation wirksam zu betreiben. Nicht zuletzt deswegen ist es von so entscheidender Bedeutung, dass das Topmanagement die Innovationsmoral im Unternehmen stärkt, indem es sich nicht nur formal, das heißt gemäß seiner hierarchischen Befugnisse, sondern inhaltlich, das heißt gemäß seiner fachlichen Kompetenz, an die Spitze des Innovationsprozesses stellt.

Dies bedeutet nicht zwangsläufig, dass jeder Topmanager zum Fachmann der neuen Prinzipien und Methoden werden muss; wo aber im Topmanagement überhaupt keine Fachkompetenz für die neuen Prinzipien und Methoden zu erkennen ist, kann nicht erwartet werden, dass eine organisatorische Innovation erfolgreich umgesetzt werden kann. Das bloße Wollen des Topmanagements reicht nicht hin, um eine organisatorische Innovation voranzubringen; unverzichtbar ist ebenso das Können, mit dem das Topmanagement unter Beweis zu stellen hat, wie ernst es ihm mit seinem Wollen eigentlich ist.

Praxisbeispiel

Im Falle von Lean Production haben sich Vorstände und Werkleiter vieler erfolgreicher Unternehmen ihr entsprechendes Fachwissen zunächst einmal dadurch erworben, dass sie bei Innovationspionieren in die Schule gegangen sind. Im Rahmen von Werksbesuchen, Workshops und Seminaren haben sie sich bei denjenigen Fach- und Führungskräften kundig gemacht, die die neuen Prinzipien und Methoden schon beherrschen. Sie haben dies nicht allein dem mittleren oder unteren Management überlassen, sondern sich darum bemüht, selbst zu erfahren, wie die neuen Prinzipien und Methoden funktionieren und welchen Nutzen sie stiften.

So ist es bei einem Hersteller von Werkzeugmaschinen heute beispielsweise üblich, dass das obere Management regelmäßig Produktionseinsätze praktiziert, um auf diese Weise zu erfahren, was die neuen Prinzipien und Methoden für die Beschäftigten vor Ort bedeuten und welche Vor- und Nachteile sie im einzelnen haben. Darüber hinaus hat sich der Produktionsvorstand dieses Unternehmens gemeinsam mit seinen Werkleitern selbst in der Schulung des Managements engagiert, um dem operativen Management die eigene fachliche Kompetenz auf dem neuen Feld zu demonstrieren. Das Topmanagement hat sich auf diese Weise selbst unter Druck gesetzt, die neuen Prinzipien und Methoden so gut zu beherrschen, dass es sie anderen auch vermitteln kann. Es ist damit von der üblichen Arbeitsteilung abgewichen, die vorsieht, dass ausschließlich Experten und nicht die Führungskräfte selbst die Qualifizierung vornehmen. Sie haben sich ihren Führungskräften und den Mitarbeitern damit nicht nur als Lernende, sondern auch als Lehrende und damit als authentische Repräsentanten der neuen Arbeitsweise präsentiert.

Die notwendige Fachexpertise wird auf diese Weise nur an der Spitze von außen in das Unternehmen eingeführt, intern aber im wesentlichen von den Führungskräften selbst an andere Führungskräfte und die Mitarbeiter weitergegeben. Das schließt die Einbindung externer Fachleute nicht gänzlich aus, verhindert aber, dass die Führungskräfte sich ihrer Qualifizierungsverantwortung entziehen können. Indem sie das neue Wissen weitergeben, demonstrieren sie nicht nur ihre neu erworbene Fachkompetenz, sondern wirken zugleich als Träger und Multiplikatoren des neuen Wissens im Unternehmen.

In einem Automobilunternehmen wurden in diesem Zusammenhang sogenannte Teaching Plants benannt, deren Aufgabe es unter anderem ist, die Führungskräfte und Mitarbeiter von Schwesterwerken in den neuen Prinzipien und Methoden zu schulen. Diese Funktion wird in einem anderen Unternehmen inzwischen sogar so ausgeweitet, dass die Führungskräfte solcher Teaching Plants nicht nur ihre eigenen, sondern auch Führungskräfte und Mitarbeiter von Zulieferern in den neuen Prinzipien und Methoden schulen. Damit wird zusätzlich demonstriert, dass die verantwortlichen Führungskräfte gleichsam Botschafter einer organisatorischen Innovation sind, deren Bedeutung über das eigene Unternehmen hinausgeht.

Regel 13: Die Verantwortung der Linie übertragen

Wir erkennen an dem bisher Gesagten unschwer: die Umsetzung organisatorischer Innovationen ist eine Linienaufgabe, keine Projektaufgabe. Das mag widersprüchlich klingen, schafft doch jedes Unternehmen zur Umsetzung einer organisatorischen Innovation normalerweise eine Projektorganisation. Sie hat den Vorteil, das Linienmanagement von den zeitraubenden Innovationsaktivitäten zunächst einmal zu entlasten, oder anders gesagt, den operativen Wertschöpfungsprozess durch die Umsetzungsmaßnahmen möglichst wenig zu beeinträchtigen.

Genau daraus ergibt sich aber auch das Problem, dass der Linie die Innovation fremd bleibt, da sie von ihr als eine Sonderaufgabe wahrgenommen wird, für welche Projektmanager die Verantwortung zu tragen haben. Diesen Eindruck gilt es unbedingt zu vermeiden. Hat er sich nämlich im Unternehmen erst einmal festgesetzt, ist es äußerst schwer, ihn wieder zu beseitigen. Die Linie will sich – aus guten Gründen – in aller Regel nicht mit einer zusätzlichen Verantwortung belasten, die zeitraubend ist und den Wertschöpfungsprozess zunächst eher stört als verbessert.

Daher ist nach Möglichkeit von vornherein der Linie die Verantwortung für die Umgestaltung zu übertragen. Auch dies ist eine Aufgabe des Topmanagements, welches an der Spitze der Linienorganisation steht. Projektorganisationen sind Notlösungen, die der Unterstützung und Entlastung des Linienmanagements dienen, aber nicht dazu führen dürfen, dass die Verantwortung auf das Projektmanagement übergeht. Das Linienmanagement ist für die Schärfung oder auch Erneuerung seiner organisatorischen Werkzeuge ebenso selbst verantwortlich, wie es heute die Verantwortung für die Qualität seiner Produkte und die Produktivität seiner Arbeitsprozesse zu tragen hat. Zur Wahrnehmung dieser Verantwortung kann es auf Unterstützer zurückgreifen, die über ein spezifisches Expertenwissen verfügen und das Linienmanagement in zeitlicher Hinsicht entlasten.

Niemals sollte aber das geschehen, was leider allzu häufig geschieht. Organisatorische Innovationen werden Projektgruppen übertragen, die für ihre Umsetzung Verantwortung zu übernehmen haben, ohne mit wirklichen Entscheidungskompetenzen ausgestattet zu sein. Dies führt selbst dann nicht zum Erfolg, wenn am Ende einer Projektlaufzeit das Topmanagement das Projekt als erfolgreich beurteilt, offiziell verabschiedet und an das Linienmanagement zur breitflächigen Umsetzung weiterleitet. Das Linienmanagement wird sich nämlich aus guten Gründen immer vorbehalten, das geschärfte oder erneuerte Werkzeug daraufhin zu prüfen, ob es seinen Zwecken wirklich dienlich ist oder nicht. Fällt diese Prüfung negativ aus, wird es die Innovation entweder verwerfen oder die neuen Prinzipien und Methoden so nachbessern, dass sie seinen Belangen genügen. Diese Art von Nacharbeit kann vermieden werden, indem dem Linienmanagement von vornherein die Verantwortung für die organisatorische Innovation übertragen wird und so ihre Umsetzung von ihm aktiv voranzutreiben ist.

Praxisbeispiel

Die Einführung der Teamorganisation in einem Chemieunternehmen ist zunächst so erfolgt, dass zwar Projektverantwortliche für die Umsetzung geschaffen wurden, die Führungskräfte vor Ort sich, von Ausnahmen abgesehen, mit der Umsetzung aber nicht intensiver beschäftigten. Die Umsetzung der Teamorganisation wurde fälschlicherweise als eine Projektaufgabe begriffen, die sich umgehend zu einem Selbstläufer entwickelt. Genau dies trat aber nicht ein. Dies bestärkte wiederum die Bremser unter den Führungskräften, die von vornherein Zweifel hatten, ob die neue Organisationsform tatsächlich die ihr zugeschriebenen Vorteile erfüllen konnte. Schon nach kurzer Zeit entstand so die Situation, dass eine neue Organisationsform zwar formell eingeführt und auch praktiziert wurde, die meisten Führungskräfte und auch Mitarbeiter aber keineswegs davon überzeugt waren, dass dies auch der richtige Schritt gewesen ist. Nicht wenige Führungskräfte und Mitarbeiter trauerten daher der alten Organisationsform nach, deren Vorteile nun wieder stärker ins Bewusstsein traten, als deren Nachteile, die ursprünglich den Anstoß für die organisatorische Umstellung gegeben hatten.

Auf diese Weise entstand eine allgemeine Unzufriedenheit mit der Teamorganisation, die erst wieder beseitigt werden konnte, als in einem zweiten Anlauf die Führungskräfte gezielt in die Verantwortung für eine systematische Umsetzung des Konzepts genommen wurden. Erst jetzt befasste sich die Mehrzahl der Führungskräfte überhaupt mit der Realisierung eines arbeitsorganisatorischen Konzepts und musste so erkennen, dass die Umsetzung dieser organisatorischen Innovation ein wesentliches Aufgabenfeld für Linienverantwortliche ist. Und erst jetzt stellten sich auch diejenigen Vorteile der neuen Organisationsform ein, die zwar erwartet worden waren, vielfach aber nicht eingetreten sind.

Hilfreich war in diesem Zusammenhang unter anderem, dass für die Weiterentwicklung der Teamorganisation die Aufgaben, Kompetenzen und Verantwortlichkeiten aller an der Umsetzung Beteiligten beschrieben und eingefordert worden sind. Dies war zwar noch keine Garantie dafür, dass die entsprechenden Aufgaben und Verantwortlichkeiten auch wahrgenommen wurden, es schärfte aber das Bewusstsein der eigenen Funktion und Rolle der Führungskräfte im Umsetzungsprozess und führte insgesamt zu einer verbesserten Umsetzung.

Regel 14: Den Weg nicht nur vom Ziel, sondern das Ziel auch vom Weg her festlegen

Dort wo organisatorische Innovationen in den letzten Jahren erfolgreich umgesetzt worden sind, war das operative Linienmanagement also nicht nur von vornherein in die Erstellung der jeweiligen Konzepte eingebunden, sondern trug auch von Anbeginn an Umsetzungsverantwortung. Charakteristisch ist für diese Fälle sogar, dass die Umsetzung nicht erst dann begonnen hat, als die Konzepte erstellt waren, sondern dass Konzepterstellung und Umsetzung sich sachlich wie zeitlich miteinander verschränkten. So können weder die neuen organisatorischen Prinzipien und Methoden gänzlich unabhängig von der Frage, wie sie umzusetzen sind, entwickelt werden, noch kann man davon ausgehen, die Umsetzung habe keinen Einfluss auf die Inhalte der organisatorischen Innovation. Im Gegenteil, durch die Umsetzung entwickeln sich die Konzepte inhaltlich weiter. Erst im lebenden Zustand zeigt sich nämlich, wie sich ihre Inhalte bewähren, ob sie die alltäglichen Abläufe tatsächlich erleichtern und verbessern, und wo sie selbst verbessert werden müssen.

Das ist es aber nicht allein. Die Inhalte müssen schon vom Umsetzungsprozess her konzipiert werden, sollen sie tatsächlich wirksam werden. Abstrakte Organisationsmodelle von hoher Komplexität sind daher in aller Regel nur wenig geeignet, in die Tat umgesetzt zu werden. Denn organisatorische Innovationen funktionieren weit mehr nach Maßgabe des praktischen Umsetzungsvermögens als des intellektuellen Verarbeitungsvermögens von Unternehmen. Das Management muss daher wiederum wissen, bis wann und wie es die Innovation umsetzen will, bevor es daran geht, sie zu konzipieren. Vor allem muss es sich darüber im Klaren sein, wie viel zeitlicher, sachlicher und damit natürlich auch finanzieller Aufwand mit der Umsetzung der geplanten organisatorischen Innovation verbunden ist. Hinzu kommt die Frage, ob das Unternehmen in qualitativer Hinsicht über die notwendigen Managementressourcen verfügt, um einen komplexen Umsetzungsprozess erfolgreich durchzuführen.

Bei der Umsetzung organisatorischer Innovationen ist daher zu berücksichtigen, dass nicht nur das Ziel den Weg, sondern ebenso der Weg das Ziel bestimmen muss. Im Falle von Lean Production haben nicht wenige Unternehmen in den letzten Jahren den Fehler begangen, dass sie unterschiedliche Elemente von Lean Production gleichzeitig umsetzen wollten, ohne zu berücksichtigen, ob die Führungskräfte und Mitarbeiter vor Ort überhaupt dazu in der Lage waren, die Vielfalt der Veränderungsprojekte gleichzeitig zu meistern. Gleich einem Trichter wurden Gruppenarbeit, Just in Time, KVP, TQM , TPM und anderes mehr von oben in das Unternehmen hineingeschüttet. Und gleich einem Trichter kam es weiter unten, das heißt bei den betrieblichen Führungskräften und den Mitarbeitern vor Ort, dann zu um so größeren Verstopfungen, je mehr von oben nachgeschüttet wurde.

Dieser Fehler ist in vielen Unternehmen mittlerweile erkannt und wird unter anderem dadurch korrigiert, dass die einzelnen Elemente von Lean Production auf der Grundlage Ganzheitlicher Produktionssysteme in einen transparenteren Zusammenhang zueinander gebracht und dann schrittweise und systematisch in Angriff genommen werden. Auf dem Weg zum Gipfel werden also Etappenziele markiert, die es zu erreichen gilt. Nach Erreichen jedes Etappenziels wird entschieden, wie es weitergeht.

Praxisbeispiel

Ein Maschinenbauunternehmen hat in Anlehnung an einige Vorbilder der Automobilindustrie ein Produktionssystem beschrieben, das sich aus mehreren (6) Bausteinen zusammensetzt und eine Vielzahl (24) von Methoden umfasst. Das Topmanagement entschied jedoch, sich zunächst auf die Umsetzung von nur zwei Bausteinen und sechs Methoden zu beschränken. Nur diese Bausteine und Methoden wurden daher detailliert ausgearbeitet und im Unternehmen kommuniziert. Gleichzeitig wurde sichergestellt, dass alle Werke des Unternehmens die Umsetzung dieser Bausteine und Methoden vorantrieben und andere organisatorische Innovationsmaßnahmen zurückstellten.

Bei der Auswahl der Bausteine und Methoden wurde so vorgegangen, dass bekannte Methoden, die im Unternehmen schon vor Jahren mehr oder weniger erfolgreich zum Einsatz gebracht worden sind, als verbindliche Standards für alle beschrieben wurden. Sie wurden um Methoden ergänzt, die im Unternehmen noch nicht bekannt waren. Mit dieser Mischung aus Bekanntem und Unbekanntem wurde dem Vorbehalt entgegengewirkt, die Unternehmensleitung erfinde in immer kürzeren Abständen neue organisatorische Moden, die sich aufgrund ihrer Vielfalt und Komplexität aber nicht wirksam umsetzen ließen. Mit dem gewählten Vorgehen wurde vielmehr verdeutlicht, dass das Topmanagement bei der Definition seiner organisatorischen Veränderungsziele sehr wohl dem Umstand Rechnung trägt, dass viele Veränderungsmaßnahmen im Unternehmen zunächst zu einem vernünftigen Ende gebracht werden müssen, bevor man schon wieder mit etwas neuem beginnt. Zugleich wurde jedoch unterstrichen, dass es keinen Stillstand im organisatorischen Innovationsprozess gibt und nicht nur schon Bekanntes und Bewährtes in die Fläche, sondern Neues in die Ersterprobung gebracht werden muss.

Die anfänglichen Bedenken innerhalb des Managements gegen ein für alle verbindliches Produktionssystem konnten so weitgehend aus dem Weg geräumt werden. Insbesondere dem operativen Management wurde auf diese Weise die Angst genommen, dass schon realisierte organisatorische Veränderungen wieder zurückgenommen werden und durch umfangreiche organisatorische Veränderungs-

*maßnahmen ihre Mitarbeiter von der Tagesarbeit abgehalten wer-
den könnten. Mit der gezielten Anknüpfung an schon Realisiertes
und der klaren Begrenzung auf einige wenige, priorisierte Maßnahmen konnten diese berechtigten Bedenken zwar nicht vollständig beseitigt, aber doch erheblich vermindert werden. In dem Unternehmen verbreitete sich im Management schnell die Ansicht, die
Umsetzung des neuen Produktionssystems sei eine zwar schwierige,
aber ebenso notwendige wie auch zu bewältigende Aufgabe. Die
neue Zielsetzung wurde insofern als angemessen akzeptiert.*

**Regel 15: Sich immer mehr vornehmen, als man auf den ersten Blick
umzusetzen vermag**

Die Anpassung der Ziele an das eigene Leistungsvermögen ist aber
nur die eine Seite. Wenn sie nicht geschieht, droht die Gefahr, dass
in der Umsetzung zu weit gesprungen werden soll. In den Unternehmen wird bei der Umsetzung organisatorischer Innovationen
vielfach aber nicht nur zu weit, sondern noch häufiger zu kurz gesprungen. Zu weit, weil sich die Unternehmen deutlich mehr vornehmen, als sie zu leisten in der Lage sind; zu kurz, weil sie sich
hinsichtlich ihrer Umsetzungsmöglichkeiten weit weniger zutrauen,
als sie tatsächlich zu leisten vermögen.

Ein erfolgreicher Innovationsprozess zeichnet sich dadurch aus,
dass das Management sich zwar nicht zu viel, aber auch nicht zu
wenig vornimmt. Zielführend sind organisatorische Innovationsprozesse, deren Inhalte an die Grenzen der Umsetzungsmöglichkeiten
eines Unternehmens gehen, ohne diese definitiv zu überschreiten.
Das Risiko des Scheiterns mangels ausreichender quantitativer und
qualitativer Umsetzungskapazitäten muss nicht nur dem Topmanagement, sondern auch dem mittleren und unteren Management und
nicht zuletzt auch den Mitarbeitern deutlich vor Augen stehen. Nur
so entsteht der notwendige Anspannungsgrad (Stress), ohne den jede
organisatorische Innovation über kurz oder lang dem Alltagsgeschäft
zum Opfer fällt. Die Beteiligten aller Ebenen müssen damit konfrontiert werden, dass sie eine Umsetzungsaufgabe zu bewältigen haben,
die nicht nur das Unternehmen, sondern sie selbst über längere Zeit
über das übliche Maß hinaus fordert.

Die Treiber organisatorischer Veränderungen müssen sich daher immer etwas mehr vornehmen, als das Unternehmen auf den ersten Blick umzusetzen vermag. Die Umsetzung muss als eine Hürde in Erscheinung treten, die nicht zu leicht zu nehmen ist. Gleichzeitig muss für alle Beteiligten erkennbar wurden, dass sie diese bei entsprechender Anstrengung durchaus bewältigen können, ohne dass dies dauerhaft zu Überforderungen führt. Hinzu kommt, dass sich die Anstrengungen auch lohnen müssen.

Die Innovation muss daher möglichst für alle Beteiligten und möglichst schnell zu Verbesserungen und Erleichterungen in ihren alltäglichen Arbeitsabläufen führen. Sie müssen erkennen können, dass es sich für das Unternehmen wie auch für sie lohnt, die Wertschöpfung zugunsten des Schärfens ihrer organisatorischen Prozesse zu unterbrechen. Dies ist nur möglich, wenn das Unternehmen sich nicht vor vorübergehenden zusätzlichen Kosten und die Beteiligten sich nicht vor vorübergehender Mehrleistung scheuen. Beides ist nämlich nicht zu vermeiden, soll eine organisatorische Innovation tatsächlich umgesetzt werden.

Organisatorische Innovationen, die in den Unternehmen zu keinen spürbaren Mehrbelastungen führen, sind in aller Regel nicht wirklich ernst zu nehmen. Wir können, von seltenen Ausnahmen abgesehen, in diesen Fällen davon ausgehen, dass das Management von vornherein versucht, alle zusätzlichen Kosten zu vermeiden, und dass keine Gruppierung innerhalb des Managements und unter den Mitarbeitern dazu bereit ist, auch nur vorübergehend mehr zu leisten als sonst üblich. Alle Beteiligten handeln nach der Maxime der Vermeidung jeglichen Zusatzaufwandes, wohl wissend, dass dies nicht nur das Unternehmen, sondern auch sie selbst keinen allzu großen zusätzlichen Anforderungen aussetzt. Zum Nulltarif ist jedoch keine organisatorische Innovation erfolgreich umsetzbar. Das gilt in Hinblick auf Kosten, aber auch in Hinblick auf Zeit und Leistung insbesondere des Managements, das der eigentliche Träger organisatorischer Innovationen ist.

Praxisbeispiel

Die Einführung eines Kanban-Systems zur Reduzierung der Materialbestände bei einem Automobilzulieferer wurde zunächst in zwei

Pilotbetrieben vorgenommen. Für die Umsetzung wurde jeweils ein Projektleiter vor Ort festgelegt, der durch einen externen Experten unterstützt wurde. Auf jede weitere feste Projektstruktur wurde verzichtet. Vielmehr musste der Projektleiter in Zusammenarbeit mit seinen Führungskräften und Mitarbeitern die organisatorischen Veränderungsmaßnahmen planen und sie anschließend mit seinen Mitarbeitern vor Ort umsetzen.

Da von vornherein zu erkennen war, dass dies für alle Beteiligten mit einem nicht geringen zusätzlichen Zeitaufwand verbunden sein würde, wurde zunächst versucht, die Laufzeit der Umsetzungsmaßnahme möglichst zu verlängern, um so den zeitlichen Umsetzungsdruck zu verringern. Befürchtet wurde insbesondere, dass die operativen Geschäftsziele in Mitleidenschaft gezogen werden könnten und so die jährlichen Zielvereinbarungen nicht zu erreichen seien. Diesem Risiko versuchten viele Führungskräfte zu entgehen, indem sie zunächst den Realisierungstermin der Umsetzung möglichst offen ließen, um so die Möglichkeit zu haben, die notwendigen Aktivitäten nach Bedarf zu verschieben.

Die Projektverantwortlichen konnten jedoch davon überzeugt werden, dass diese Vorgehensweise die Erfolgswahrscheinlichkeit eher verringern würde, da es darauf ankam, in möglichst kurzer Zeit nachweisbare Erfolge zu realisieren. Man verständigte sich daher auf einen Zeitraum von sechs Monaten, in dem erste, überprüfbare Ergebnisse erzielt sein sollten. Dieser Zeitraum wurde letztendlich dann auch um jeweils zwei bis drei Monate überschritten. Ohne die vergleichsweise kurzfristige Terminierung hätten jedoch auch nach acht bis neun Monaten mit hoher Wahrscheinlichkeit noch keine brauchbaren Ergebnisse vorgelegen.

Die Projektbeteiligten wurden auf diese Weise unter einen zeitlichen Druck gesetzt, der dazu führte, dass insbesondere die Projektleiter zusätzliche Leistungen erbringen mussten, die sich unter anderem auch in Mehrarbeit niederschlugen. Sie wollten die eingeleiteten Maßnahmen nicht zuletzt aber auch deswegen möglichst schnell zu einem erfolgreichen Ende bringen, weil sie sich davon dann wieder eine persönliche Entlastung versprachen.

Regel 16: Vor der Verteilung von Innovationsgewinnen die Lasten offen legen

Organisatorische Innovationen bringen Lasten mit sich, bevor sie zu irgendwelchen Gewinnen führen. Nur zu oft wurde und wird in den Unternehmen indes nur von den mit der Innovation verbundenen potenziellen Gewinnen, nicht aber von den mit ihr verbundenen Lasten gesprochen. Es müssten Win-Win-Konstellationen geschaffen werden, um alle Beteiligten dazu zu motivieren, sich der Veränderung nicht entgegenzustellen – so lautet eine der heute am häufigsten zu hörende Empfehlung für die Unternehmen. Niemand dürfe durch die geplanten Maßnahmen in irgendeiner Weise Schaden nehmen. Alle müssten durch sie gewinnen.

Das ist aber nur in den seltensten Fällen möglich. Organisatorische Veränderungen erfolgen meist aus der Not heraus, die sie abwenden sollen. Die Notwendigkeit organisatorischer Innovationen ist indes keine unbestimmte, sondern eine bestimmte. Organisatorische Innovationen dienen der Abschaffung konkreter Nöte, sonst wären sie überflüssig. Überwiegend geht es heute um die Wiederherstellung und Verbesserung der wirtschaftlichen Wettbewerbsfähigkeit der Unternehmen und die Sicherung von Arbeitsplätzen. Dies ist weder für die Unternehmen noch für die Manager und Mitarbeiter ohne zusätzliche Lasten möglich.

Vor jeglicher Diskussion um die Verteilung irgendwelcher Gewinne steht bei organisatorischen Innovationen also zunächst immer die Diskussion um die Inkaufnahme von Lasten. Hierzu zählen auch die Aufwendungen, die notwendig sind, um eine organisatorische Innovation in die Tat umzusetzen. Mit ihnen opfert das Unternehmen einen Teil seines (schon vorhandenen oder potenziellen) Gewinns zur Sicherung der eigenen Wettbewerbsfähigkeit. Daraus kann es einen Anspruch auf Mehrleistungen des Managements und der Mitarbeiter im Umsetzungsprozess ableiten, insbesondere wenn dadurch die Erfolgsaussichten der Innovation erhöht werden.

Meist mangelt es in diesem Zusammenhang in den Unternehmen nicht an der grundsätzlichen Bereitschaft, zusätzliche Lasten zu tragen. Hemmend wirkt vielmehr, dass erstens die Frage der Lasten nicht offen diskutiert wird, und zweitens unklar bleibt, wer welche Lasten zu tragen hat. Nur dann lässt sich aber auch klären, wer überhaupt bereit ist, zusätzliche Lasten zu übernehmen.

Lasten sind schwieriger zu thematisieren als potenzielle Gewinne. Nicht zuletzt deswegen werden sie gerne ebenso verdrängt, wie die sonstigen Nachteile einer organisatorischen Veränderung. Da sie in der Regel aber sofort spürbar werden, wenn eine organisatorische Veränderung umgesetzt wird, nützt es nichts, sie zu verschweigen. Gleichwohl vollzieht sich die Diskussion über sie normalerweise mehr verdeckt als offen. Umso mehr prägt sie jedoch das tatsächliche Verhalten aller Beteiligten. Jeder fürchtet, zusätzliche Lasten tragen zu müssen und richtet sein Verhalten danach aus, dieses Risiko zu vermindern, anstatt sich daran zu orientieren, die Innovation nach vorne zu bringen. Vor jeder Verteilung von Gewinnen organisatorischer Innovationen müssen daher zumindest all jene Lasten offengelegt werden, ohne die sie nicht die geringsten Erfolgschancen haben.

Auch hier fällt wiederum dem Topmanagement eine besondere Verantwortung zu. Es muss deutlich machen und dafür Sorge tragen, dass für notwendige Umsetzungsmaßnahmen die notwendigen Mittel bereit gestellt werden. Gleichzeitig muss es jedoch vom operativen Management und den Mitarbeitern diejenigen (Mehr-)Leistungen einfordern, die für den Erfolg der Innovation ebenso unverzichtbar sind. Es muss deutlich machen, mit welchen Anstrengungen unterschiedlichster Art die Realisierung der Vorteile der geplanten organisatorischen Innovation verbunden ist.

Praxisbeispiel

Nach der erfolgreichen Pilotierung eines Konzepts zur Integration von Instandhaltungstätigkeiten in die Produktion wurde bei einem Hersteller von Druckmaschinen beschlossen, den neuen Ansatz in allen Fertigungsbereichen umzusetzen. Es wurde kalkuliert, wie viel zusätzliche Zeit die verschiedenen Mitarbeitergruppen für das Projekt verbraucht hatten, um so von vornherein zu verdeutlichen, was zu tun ist, um die geplanten Maßnahmen in höchstens der Zeit umzusetzen, die die Pilotprojekte benötigt hatten. Außerdem wurde aufgezeigt, dass die ursprünglichen Befürchtungen, dass durch die Maßnahmen die operativen Geschäftsziele in Mitleidenschaft gezogen werden könnten, sich nicht bewahrheiteten. In allen drei Pilotberei-

chen wurden diese mindestens erreicht und teilweise sogar überschritten.

Damit war klar: es gab genügend zeitliche Reserven, die für die Umsetzung der Maßnahmen mobilisiert werden konnten. Sie mussten nur offengelegt und genutzt werden, anstatt sie zu verbergen und so zu tun, als sei das Projekt nicht ohne erhebliche zusätzliche personelle Ausstattung durchführbar. Diese wurde den betroffenen Bereichen in Form externer Unterstützer vorübergehend auch gewährt; entscheidend war jedoch, dass interne Ressourcen und Kapazitäten mobilisiert wurden, die zur Umsetzung der Maßnahmen zur Verfügung gestellt wurden. Dies war unter anderem deswegen von besonderer Bedeutung, weil einzelne Mitarbeitergruppen, insbesondere die Instandhaltungsmitarbeiter, nach einhelliger Auffassung in ihrer täglichen Arbeit überlastet waren. Sie durch eine verbesserte Aufgabenverteilung bei Maschinenstillständen zu entlasten, war eines der Projektziele. Dies konnte aber nur erreicht werden, indem auch die Instandhaltungsmitarbeiter in die Umsetzung von Maßnahmen einbezogen wurden, wofür sie im Rahmen ihres normalen Arbeitstages kaum Zeit fanden. Dennoch wurde dieser Weg beschritten, der dann auch nach Sicht aller Betroffenen zu einer allgemeinen Reduzierung der Arbeitsbelastungen führte. Nicht der lange geforderte Aufbau zusätzlicher personeller Kapazitäten, sondern die systematische (zusätzliche) Beschäftigung mit den Arbeitsabläufen hatte zu diesem Ergebnis geführt.

Regel 17: Die Umsetzung mit klaren wirtschaftlichen Zielen verbinden

Gemeinhin wird davon ausgegangen, jede organisatorische Veränderung werde in Wirtschaftsunternehmen eindeutig mit wirtschaftlichen Zielen verbunden. Das ist grundsätzlich gewiss auch der Fall und wird von allen Managern auch akzeptiert. Erst bei der Umsetzung zeigt sich jedoch, ob der Grundsatz auch durchgehalten oder in Wahrheit eher aufgegeben wird. Wenn es nämlich um die konkrete Benennung von Einsparpotenzialen und Verknüpfung dieser Potenziale mit einer geplanten organisatorischen Veränderung geht, tun sich viele Manager schwer, ihren wirtschaftlichen Zielsetzungen treu zu bleiben.

Hier spielt zum einen eine Rolle, dass die wirtschaftlichen Effekte organisatorischer Innovationen häufig weit schwerer nachzuweisen sind als die mit ihnen verbundenen Kosten. Was zum Beispiel ein Teamgespräch an Zeit und Geld kostet, kann vergleichsweise einfach ermittelt werden; was es zur Qualitäts- oder Effizienzverbesserung beiträgt, ist schon schwieriger festzustellen. Immer entstehen in den Unternehmen daher langwierige Diskussionen um die Frage, ob sich mit einer organisatorischen Innovation überhaupt eindeutige wirtschaftliche Ziele verbinden ließen oder nicht. Häufig führt dies in den Unternehmen dazu, dass auf eine klare Verbindung zwischen den jeweiligen Maßnahmen und wirtschaftlichen Zielen verzichtet wird. Nicht selten werden auch überhaupt keine wirtschaftlichen Ziele festgelegt.

Dies ist in aller Regel ein sicheres Zeichen dafür, dass die Umsetzung schon nach kurzer Zeit zum Erliegen kommen wird. Die Ursache dafür ist sehr einfach. Da Unternehmen in erster Linie wirtschaftlichen Zwecksetzungen dienen, wird von ihnen nur das wirklich ernsthaft betrieben, was zum wirtschaftlichen Erfolg einen erkennbaren Beitrag leistet. Alles andere ist mehr oder weniger Beiwerk und hat wenig Aussicht, das Geschehen in einem Unternehmen nachhaltig zu beeinflussen. Deswegen sind organisatorische Innovationen, die keinen erkennbaren Beitrag zum wirtschaftlichen Fortschritt geleistet haben, auch immer wieder gescheitert, während solche Innovationen, die dies taten, von Erfolg gekrönt waren.

Das wissen Manager aus ihrer alltäglichen Erfahrung und versuchen daher nicht selten, eine organisatorische Innovation dadurch von vornherein zum Scheitern zu verurteilen, dass sie sie mehr oder weniger außerhalb der wirtschaftlichen Zielsetzungen ihres Unternehmens stellen. Dies tun sie mitunter gerade deswegen, weil sich mit der Veränderung erhebliche wirtschaftliche Potenziale erschließen lassen. Das mag auf den ersten Blick verwunderlich erscheinen, wird gemeinhin doch davon ausgegangen, Manager seien gleichsam von Berufs wegen aus an der Erschließung zusätzlicher wirtschaftlicher Potenziale interessiert. Das ist aber nur bedingt richtig.

Es gilt zum Beispiel dann nicht, wenn sie an Stückzahl- und Qualitätszielen gemessen werden, die eine bestimmte Personalausstattung erfordern. Warum sollten sie diese aus eigenem Antrieb verringern, wenn sie damit nur ihr Risiko erhöhen, ihre Stückzahl- und

Qualitätsziele möglicherweise nicht zu erreichen? Ähnliches gilt, wenn Ineffizienzen über Preise mehr oder weniger problemlos Kunden weiterbelastet werden können. In diesem Fall fördern Ineffizienzen den Umsatz und die Deckungsbeiträge. Erst durch eine verschärfte Preiskonkurrenz sieht sich das Management dann gezwungen, durch die Eliminierung von Blindleistungen die Kosten zu senken, um bei möglicherweise geringeren Preisen die Gewinnmargen zu halten.

Auch Manager betreiben Effizienzsteigerung und Rationalisierung nur in dem Maße, wie sie durch die wirtschaftlichen Verhältnisse dazu genötigt werden; auch sie neigen, wie die Beschäftigten, dazu, sich Effizienzreserven (Vorderwasser) aufzubauen, die nach Möglichkeit versteckt werden. Umso wichtiger ist es, im Interesse der erfolgreichen Umsetzung einer organisatorischen Innovation diese mit klaren wirtschaftlichen Zielsetzungen zu verbinden. Das Topmanagement hat daher dafür zu sorgen, dass wirtschaftliche Potenziale, die durch organisatorische Innovationen erschlossen werden können, auch tatsächlich benannt werden. Nur wenn dies tatsächlich getan wird, ist auch damit zu rechnen, dass die geplanten Maßnahmen jene innerbetriebliche Geltung erlangen, die ihnen überhaupt erst Rang und längerfristige Wirkung verleihen. Diese besteht in der tatsächlichen Anerkennung ihres Beitrags zur Verbesserung der wirtschaftlichen Leistungsfähigkeit durch die Unternehmensleitung, die zurecht keineswegs allen organisatorischen Veränderungen zuteil wird.

Praxisbeispiel

Die Entwicklung eines Ganzheitlichen Produktionssystems wurde in einem Automobilunternehmen zwar dadurch angestoßen, dass zum Teil erhebliche Rückstände in Produktivität gegenüber den besten Wettbewerbern festgestellt wurden. Nachdem die neuen Prinzipien und Methoden beschrieben waren, wollte sich jedoch niemand darauf festlegen, wie viel Produktivitätsgewinn und Kosteneinsparung sich mit der Umsetzung des neuen Systems erzielen ließen. Eine direkte Verknüpfung zwischen der Umsetzung des Systems und Kosten- und Produktivitätszielen wurde unter Verweis auf die Probleme der kausalen Verknüpfung zwischen den einzelnen Maßnahmen und den wirtschaftlichen Effekten innerhalb des Managements überwiegend abgelehnt.

Bevorzugt wurde eher eine lockere Verknüpfung zwischen den geplanten Maßnahmen und den ohnehin bestehenden wirtschaftlichen Verbesserungszielen. Dies hatte für die verantwortlichen Manager zwar den Vorteil, dass sie im Einsatz von Methoden zur Kostensenkung und Produktivitätssteigerung nicht eng an das neue System gebunden waren; gleichzeitig wurde aber immer wieder die Frage gestellt, welchen wirtschaftlichen Nutzen dieses System denn überhaupt habe, und ob es möglicherweise nicht viel zu aufwändig sei.

Ganz anders ist demgegenüber ein Maschinenbauunternehmen verfahren. Es hat zunächst die wirtschaftlichen Potenziale, die mit dem geplanten Produktionssystem zu erschließen waren, genau analysieren lassen und anschließend die Umsetzung des Systems mit den entsprechenden wirtschaftlichen Zielen verbunden. Damit wurde für das gesamte Management deutlich, dass das neue System nicht um seiner selbst willen eingeführt werden sollte, sondern um den wirtschaftlichen Erfolg des Unternehmens zu steigern. Die anfänglichen Diskussionen über Sinn und Unsinn des neuen Systems kamen weitgehend zum Erliegen, vor allem als die Geschäftsführung die Umsetzung des Systems auch noch in Zielvereinbarungen hinterlegte.

Regel 18: Die Veränderung vom Entgelt entkoppeln

Nur wenig schadet der Umsetzung organisatorischer Innovationen mehr als das in vielen Unternehmen übliche Geschachere um Leistung und Entgelt. Es ist heute vor allem dort zu finden, wo wir uns im stark mitbestimmten Bereich der Leistungsentlohnung von Tarifbeschäftigten bewegen. Seine Ursache findet es nicht zuletzt in einer detaillierten Bewirtschaftung von Zeit, deren Logik darin besteht, dass jede auch noch so geringfügige Tätigkeit mit einer Zeitvorgabe zu belegen ist, die entsprechend bezahlt werden muss. Jede Neuverteilung von Aufgaben, mit der jede organisatorische Innovation normalerweise verbunden ist, führt so direkt in entgeltpolitische Fragestellungen und damit in Interessenauseinandersetzungen hinein, die in hohem Maße innovationshemmend sind. Die Umsetzung von Innovationen beginnt mit verteilungspolitischen Fragen, die zunächst aber gerade ausgeklammert werden müssen, wenn man Aufgaben neu ordnen und verteilen will.

gaben neu ordnen und verteilen will. Erst wenn die Neuordnung vollzogen ist, kann sinnvoll darüber gesprochen werden, wer nun welche Leistungen erbringt und wie diese zu honorieren sind.

Ein ursprünglich der Effizienzsteigerung dienendes Instrument, die systematische Bewirtschaftung der Zeit anhand von Plan- und Vorgabezeiten, entpuppt sich inzwischen vor allem dann als Innovationshemmnis, wenn das Entgelt an die zeitwirtschaftlichen Vorgaben geknüpft ist. Neuverteilungen von Aufgaben müssen in diesem Fall immer sofort auf ihre Auswirkungen auf das Entgelt hin überprüft und entsprechend abgestimmt werden. Hierdurch steigt nicht nur der zeitliche Aufwand im Umsetzungsprozess; als besonders hemmend erweist sich auch, dass alle Beteiligten sich in erster Linie mit der Frage befassen, welche Auswirkung die Innovation auf den Verdienst jedes einzelnen hat, anstatt sich mit der Frage auseinander zu setzen, wie sie sich auf die Abläufe im Unternehmen auswirkt. Entgeltthemen lenken die Aufmerksamkeit weg von den Prozessen hin zu verteilungspolitischen Auseinandersetzungen und behindern so organisatorische Innovationen eher als sie zu befördern.

Organisatorische Maßnahmen und Entgeltfragen sollten im Innovationsprozess daher nach Möglichkeit voneinander entkoppelt werden, um die Umsetzung neuer Arbeitsmethoden nicht zu erschweren. Das heißt nicht, dass Entgeltfragen im Innovationsprozess nicht zu stellen und zu lösen sind; dies sollte nach Möglichkeit aber erst getan werden, wenn die organisatorische Veränderung schon praktisch wirksam ist und auf neuer Grundlage darüber gesprochen werden kann, wer welche Leistungen erbringt und wie diese zu honorieren sind. Unter allen Umständen muss vermieden werden, dass um jede noch so kleine Teilaufgabe gefeilscht wird, so als ob es darum ginge, das letzte Quäntchen Leistung einer bürokratisch exakten, zeitwirtschaftlichen Normierung zu unterziehen.

Dies kann unter anderem dadurch bewerkstelligt werden, dass Management, Mitarbeiter und Betriebsrat sich darauf verständigen, während der Umsetzung einer organisatorischen Innovation leistungs- und entgeltpolitische Fragen auszuklammern. Mehr- oder Minderleistungen, die sich zum Beispiel durch die Neuverteilungen von Aufgaben ergeben, dürfen sich nicht auf die Bezahlung der Mitarbeiter auswirken. Im Focus müssen die Prozesse stehen, die es gemeinsam zu verbessern gilt.

Praxisbeispiel

In einem Unternehmen des Werkzeugmaschinenbaus sollten die Aufgaben zwischen Produktion, Instandhaltung, Qualitätssicherung und Materialwirtschaft neu geschnitten werden. Ziel der Veränderung war eine verbesserte Zusammenarbeit zwischen diesen Bereichen, die durch viele Abstimmungsprobleme, Verzögerungen und Doppelarbeiten geprägt war. Die Aufgaben der Mitarbeiter und Führungskräfte waren in exakten Stellenbeschreibungen dokumentiert, die die Grundlage für die Entgelteinstufungen bildeten. Durch die geplanten Maßnahmen kam es zu beträchtlichen Aufgabenverschiebungen zwischen den jeweiligen Mitarbeitern und Führungskräften.

In der für die Veränderung installierten Projektgruppe arbeitete unter anderem das für Entgeltfragen zuständige Betriebsratsmitglied mit. Damit sollte sichergestellt werden, dass der Betriebsrat in die Konzepterarbeitung von vornherein eingebunden ist und die Veränderung mittragen kann. Das Betriebsratsmitglied signalisierte von vornherein, dass aus seiner Sicht Aufgabenverschiebungen nur im Rahmen der bestehenden Stellenbeschreibungen möglich seien, es sei denn, die Mitarbeiter würden aufgrund der veränderten Aufgabenstellungen unverzüglich neu eingestuft werden. Daher wurde in den Projektgruppensitzungen zunächst die meiste Zeit damit verbracht, mögliche Auswirkungen der geplanten Maßnahmen auf die Entgeltgruppen der Mitarbeiter und unteren Führungskräfte zu diskutieren. In jedem Einzelfall wurde darüber gestritten, ob es zu einer Höherstufung oder Abgruppierung kommen müsste. Dabei erhielt das Betriebsratsmitglied nicht selten Unterstützung von denjenigen Führungskräften, die die Besitzstände ihrer Mitarbeiter gefährdet sahen.

Schon nach kurzer Zeit dominierte die Entgeltfrage vollständig die organisatorischen Verbesserungsvorschläge. Die Frage nach den Möglichkeiten zur Beseitigung der offenkundigen Defizite in den Abläufen rückte mehr und mehr in den Hintergrund, obwohl allen Beteiligten bewusst war, dass die Mitarbeiter und Führungskräfte unter diesen Defiziten litten. Darüber hinaus wurde um mögliche Zusatzbelastungen für einzelne Mitarbeitergruppen gestritten, die entstehen könnten, wenn diese andere Aufgaben übernehmen sollten.

Nicht nur vom dem Mitglied des Betriebsrates wurde dabei signalisiert, dass jede Mehrbelastung einzelner Mitarbeiter oder Führungskräfte unter allen Umständen zu vermeiden seien.

Der Focus des Geschehens hatte sich auf diese Weise vom Arbeitsprozess auf das Entgelt und die Belastung verschoben. Debattiert wurde zum Teil stundenlang, manchmal sogar tagelang über Fragen der Gestalt, ob eine Aufgabe gemäß vorhandener Stellenbeschreibungen schon in das Aufgabengebiet zum Beispiel eines Vorarbeiters gehörte oder nicht, ohne dass irgendein vernünftiges Ergebnis erzielt werden konnte. Die Projektsitzungen wurden für alle Beteiligten immer frustrierender, da sie sich so gut wie in keinem Punkt einigen konnten. Der Projektleiter musste schließlich seinem Werkleiter melden, dass die Projektgruppe kein gemeinsames Konzept unterbreiten könne, da sie sich über die organisatorischen Veränderungen nicht einigen könne. In einem persönlichen Gespräch schlug der Werkleiter daraufhin dem Betriebsratsvorsitzenden vor, Entgeltfragen zunächst aus dem Vorhaben völlig auszuklammern, um so Spielraum für eine Verbesserung der Abläufe zu bekommen. Ansonsten sei es seiner Meinung nach nicht möglich, die nicht zuletzt auch von den Mitarbeitern reklamierten Defizite in den Abläufen abzustellen.

Der Betriebsratsvorsitzende zeigte sich mit dem Vorschlag grundsätzlich einverstanden, gab aber zu bedenken, dass das Betriebsratgremium ihn nur mittragen könne, wenn sichergestellt werde, dass im nachhinein eine gewissenhafte Neubewertung der Stellen erfolge. Ansonsten könne er seine Betriebsratskollegen nicht von dem Vorschlag überzeugen. Der Werkleiter sicherte daraufhin zu, dass eine Neubewertung erfolge, sobald die neue Aufgabenverteilung sich in der betrieblichen Praxis bewährt habe. Als Bewährungszeit schlug er drei Monate nach dem Start der Umsetzung vor. Der Betriebsratsvorsitzende war damit einverstanden und lud den Werkleiter gemeinsam mit dem Projektleiter auf die nächste Sitzung des Betriebsratsgremiums ein, um dort den Vorschlag gemeinsam zu diskutieren. Die Mehrheit der Betriebsratsmitglieder stimmte dem Vorschlag zu und beschloss darüber hinaus, einen Ausschuss für Arbeitsorganisation zu gründen, dessen Vorsitzender zusätzlich zum Vorsitzenden des Entgeltausschusses in die Projektgruppe entsendet wurde.

Innerhalb von drei weiteren Sitzungen war nun plötzlich ein gemeinsames Konzept erarbeitet und verabschiedet, das unverzüglich umgesetzt wurde. Die Mehrheit der Mitarbeiter und Führungskräfte zeigte sich schon nach kurzer Zeit in hohem Maße mit der neuen Aufgabenverteilung zufrieden, die einen reibungsloseren Ablauf ermöglichte und Blindleistungen beseitigte. Nach drei Monaten wurde, wie vereinbart, eine Neubewertung vorgenommen. Sie führte sowohl zu Höher- wie auch zu Abgruppierungen. Letztere wurden auf der Grundlage einer ohnehin schon vorhandenen Betriebsvereinbarung über Abgruppierungen sozialverträglich geregelt.

3.3 Regeln und Beispiele der Stabilisierung

Regel 19: Die wirtschaftlichen Potenziale schnell abschöpfen

Die Stabilisierung des Umsetzungsprozesses beginnt, sobald alle Beteiligten und Betroffenen spüren, dass die Veränderungen tatsächlich das bewirken, was man sich von ihnen versprochen hat. Die Wirkungen machen sich vor allem in den Arbeitsprozessen der Mitarbeiter bemerkbar. Die möglichst umgehende Verbesserung und Erleichterung von Arbeitsabläufen muss daher im Vordergrund jedes organisatorischen Innovationsprozesses stehen. Je schneller dies geschieht, desto schneller stabilisiert sich die Umsetzung. Die neuen Prinzipien und Methoden müssen als Hilfsmittel wirken, mit denen Blindleistung vermieden werden kann und sich die alltägliche Arbeit effektiver und effizienter verrichten lässt. Nur so können sie überhaupt die Wirkung entfalten, ohne die sie von vornherein zum Scheitern verurteilt sind.

Insofern sind fast immer zunächst die Beschäftigten die Profiteure erfolgreicher organisatorischer Innovationen – und sollten dies auch sein. Sie sparen Zeit, wenn es gelingt, die Abläufe wirksam zu verbessern. Dennoch wenden sie sich nicht selten gegen die Abschaffung von Blindleistung, die sie unter Umständen als entlastend, interessant oder auch arbeitsplatzsichernd wahrnehmen. Sie opfern aus ihrer persönlichen Sicht Aufgaben, die sie vielleicht gerne verrichtet haben und übernehmen Aufgaben, die ihnen nicht so gut gefallen. Daher kann der zeitliche Zugewinn subjektiv durchaus als eine zusätzliche Belastung wahrgenommen werden. Dessen ungeachtet können wir jedoch festhalten, dass erfolgreiche organisatorische Innovationen zunächst immer den Beschäftigten zu nutzen haben, bevor sie dies für die Unternehmen tun.

Das darf indes kein Dauerzustand bleiben. Vielmehr muss das Management dafür Sorge tragen, dass der (zeit-)wirtschaftliche Nutzen nicht nur den Beschäftigten, sondern auch dem Unternehmen zugute kommt. Die wirtschaftlichen Potenziale, die durch die organisatorischen Veränderungen erschlossen werden, müssen daher auch tatsächlich abgeschöpft werden. Das klingt wie ein Gemeinplatz, ist es aber keineswegs; denn erstaunlicherweise scheitern organisatorische Innovationen in vielen Fällen nicht nur daran, dass das Management sie mit keinen wirtschaftliche Zielen verbindet, sondern dass es auch nicht darauf hinwirkt, wirtschaftliche Effekte zu erschließen.

Allgemein wird angenommen, insbesondere die Mitarbeiter stünden gegen die Erschließung von Effizienzpotenzialen. Das ist auch zutreffend, sofern mit Effizienzsteigerungen unmittelbar der Abbau von Arbeitsplätzen oder Leistungsverdichtungen mit Mehrbelastungen verbunden sind. Häufig ist aber weder das eine noch das andere der Fall; im Gegenteil, Effizienzsteigerung kann ebenso direkt zur Reduzierung von Belastungen wie auch zur Sicherung oder gar zur Schaffung von Arbeitsplätzen beitragen. Das wissen die Mitarbeiter. Sie stehen daher keineswegs, wie gerne unterstellt wird, gleichsam von Natur aus gegen Effizienzsteigerung und Rationalisierung. Gleichwohl suchen sie natürlich, die Verbesserungen dauerhaft für sich selbst zu nutzen. Sie servieren sie dem Management nicht auf dem Präsentierteller, sondern erwarten, dass es sie durch geeignete Maßnahmen selbst abschöpft.

Insbesondere das operative Management spielt in diese Zusammenhang jedoch nicht selten auf Zeit, da es fürchtet, dass zum Beispiel durch den Entzug von Personal doch Probleme auftauchen könnten, mit denen es vor allem dann kaum rechnet, solange die Mitarbeiter die gewonnenen Spielräume noch voll nutzen können. Je länger jedoch auf eine Abschöpfung der erwirtschafteten Potenziale gewartet wird, desto mehr entsteht das Risiko, dass sie wieder auf die eine oder andere Weise verpuffen und gar nicht mehr abgeschöpft werden können.

Praxisbeispiel

In einem Unternehmen für feinmechanische Werkzeuge sind sowohl Aufgaben der Qualitätssicherung wie auch einfachere Wartungs- arbeiten den Arbeitern der Produktion übertragen worden. Dies hat in einem ersten Pilotprojekt dazu geführt, dass entsprechende Auf- gaben in der Qualitätssicherung und der Instandhaltung entfielen. Die entsprechenden Personaleinsparungen wurden zwar rechne- risch nachgewiesen, es wurden jedoch keine personellen Maßnah- men eingeleitet, um sie auch zu realisieren.

Begründet wurde dies damit, dass aufgrund eines steigenden Auf- tragsvolumens in absehbarer Zeit damit zu rechnen sei, dass der Personalbedarf in der Qualitätssicherung und der Instandhaltung steige. Daher mache es keinen Sinn, dort Stellen einzusparen. Das Auftragsvolumen steigerte sich allerdings nicht wie erwartet, so dass die indirekten Mitarbeiter, die bislang für die integrierten Aufgaben zuständig waren, nicht mit anderen Aufgaben beauftragt werden konnten. Sie wurden stattdessen in die Produktionsteams integriert, wo sie nun das machten, was sie schon immer getan hatten.

Bei der Überprüfung der Wirtschaftlichkeit des Pilotprojekts er- gaben sich auf diese Weise nur rechnerische, aber keine tatsächli- chen Einsparungen. Außerdem waren Kosten entstanden, da die Produktionsteams qualifiziert wurden und regelmäßig Teamgesprä- che durchführten. Als die Entscheidung für die flächendeckende Umsetzung der Reorganisationsmaßnahme anstand, wurde dies von der Geschäftsführung bemängelt und entschieden, im weiteren Um- setzungsprozess entsprechende Einsparungen in der jährlichen Per- sonalplanung für die indirekten Bereiche zu berücksichtigen. Einer Umsetzung von Personal von den indirekten Bereichen in die Pro- duktionsteams wurde nur noch zugestimmt, sofern dort ein nach- weisbarer Bedarf bestand.

Auf diese Weise ergab sich schon im ersten Jahr der weiteren Umsetzung eine Einsparung von 10 % der Stellen in der Qualitätssi- cherung und von 5 % der Stellen in der Instandhaltung. Die damit verbundene Personaleinsparung wurde durch Nichtersatz von Fluk- tuation und Versetzung in ein anderes Werk des Unternehmens rea- lisiert.

Regel 20: Die wirtschaftlichen Effekte bewerten und offen verkünden

Die Bewertung der wirtschaftlichen Effekte organisatorischer Veränderungen wird häufig unterlassen. In den Unternehmen wird dies unter anderem damit begründet, dass solche Effekte sich nicht eindeutig ermitteln und vor allem nicht den jeweiligen organisatorischen Maßnahmen zuordnen ließen. Tatsächlich verbirgt sich hinter dieser Argumentation vielfach jedoch nichts anderes als der Widerstand gegen den Abbau von Verschwendung und Blindleistung in den Strukturen und Abläufen. Sie wirken in den Unternehmen als Polster für schwierige Situationen, die ungern aufgegeben werden.

Der frühzeitige und transparente Nachweis wirtschaftlicher Effekte ist für die Treiber organisatorischer Veränderungen insbesondere deswegen von großer Bedeutung, weil sie damit die Diskussionen um den wirtschaftlichen Nutzen der eingeleiteten Maßnahmen unterbinden können. Erst wenn nicht mehr in Zweifel gezogen werden kann, dass eine organisatorische Veränderung den ihr zugesprochenen wirtschaftlichen Nutzen hat, ist ihren Gegnern der Wind aus den Segeln genommen. Dazu gehört auch, dass die jeweiligen Effekte, so sie denn eintreten, offen im Unternehmen verbreitet werden. Heimlichtuerei ist hier völlig fehl am Platze, auch wenn durch besonders gute Effekte Begehrlichkeiten geweckt werden können.

Der Nachweis kann mittels wirtschaftlicher Kennzahlen, die im Unternehmen ohnehin ermittelt werden, oder mit Hilfe eigener Erhebungen geführt werden. Letzteres hat den Vorteil, dass die Effekte den jeweiligen organisatorischen Maßnahmen besser zugeordnet werden können.

Praxisbeispiel

In einem Automobilunternehmen ist an einem Standort Teamarbeit in der Produktion eingeführt worden. Befragungen zeigten, dass die meisten Mitarbeiter die neue Arbeitsform als eine deutliche Verbesserung betrachteten. Mit der Einführung waren aber nicht unerhebliche Zusatzkosten verbunden, die insbesondere seitens des Controllingbereichs die Frage provozierte, welche Einsparungen denn mit der neuen Arbeitsform anzusetzen seien. Der Finanzchef des Unternehmens weigerte sich, in den jährlichen Budgetplanungen weitere

Aufwände freizugeben, wenn nicht präzisiert werden könne, wie viel an Einsparungen zu erwarten sei.

Der Werkleiter des Standortes beauftragte daraufhin ein Beratungsunternehmen, ihm exemplarisch aufzuzeigen, welcher wirtschaftliche Aufwand und Nutzen mit der Teamarbeit verbunden sind. Es wurde in Zusammenarbeit mit einigen Fachleuten des Unternehmens ein Verfahren entwickelt, bei dem anhand einer systematisch aufgebauten Checkliste in Gesprächen mit den Umsetzern die mit den jeweiligen Maßnahmen verbundenen Aufwände und Einsparungen ermittelt werden. Das hatte den Vorteil, dass nicht abstrakte Kennzahlen aus dem Controlling, sondern Effekte vor Ort zur Grundlage der wirtschaftlichen Bewertung gemacht wurden.

Die insgesamt positiven Ergebnisse wurden der Geschäftsleitung vorgestellt. Darüber hinaus wurden sie in einer hausinternen Mitarbeiterzeitschrift publik gemacht. Die bis dahin immer wieder aufkeimenden Diskussionen über den wirtschaftlichen Nutzen der organisatorischen Veränderung verschwanden daraufhin weitgehend von der Tagesordnung.

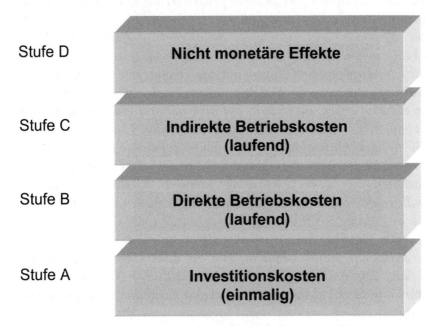

Abb. 3.3. Stufen eines Bewertungsmodells (nach Kratzsch 2000)

	Bewertungsstufe	Kostensteigerung	%↗
A.	Investitionskosten	Planung Montagesystem	+3 bis +9
		Ausstattung Montagestationen	0 bis +2
		Einmalige Personalkosten	+11 bis +20
		Test und Anlauf des Systems	+2
B.	Direkte Betriebskosten	Personalkosten	+0,4 bis +7
		Innerbetriebliche Leistungen	0 bis +2
C.	Indirekte Betriebskosten	Fehlerverhütungskosten	0 bis +10
		Ausschusskosten	0 bis +21
D.	Nicht monetäre Effekte		

Abb. 3.4.a Wirtschaftliche Effekte – Kostensteigerungen (nach Kratzsch 2000)

	Bewertungsstufe	Kostensenkung	↘ %
A.	Investitionskosten		
B.	Direkte Betriebskosten		
C.	Indirekte Betriebskosten	Nacharbeitskosten	-20 bis -48
		Gewährleistungs-/ Garantiekosten	-71 bis 0
		Zinskosten des gebundenen Kapitals	-66 bis 0
		Produktionsstörungskosten	-20 bis -50
		Beteiligung an Optimierung	-86 bis 0
		Kosten Fehlzeiten/ Krankheit	-17 bis 0
		Kosten Unfälle/ Leistungsminderung	-50 bis 0
		Fluktuationskosten	-36 bis 0
D.	Nicht monetäre Effekte	Produktqualität	
		Prozessqualität	
		Arbeitsbelastungen	positive
		Arbeitsinhalte	Effekte
		Arbeitsautonomie und Zusammenarbeit	

Abb. 3.4.b Wirtschaftliche Effekte - Kostensenkungen (nach Kratzsch 2000)

Regel 21: Den Bremsern die Möglichkeiten für Widerstand beschneiden

Nicht immer ist es möglich, alle Betroffenen einer organisatorischen Veränderung zu Beteiligten oder gar zu Gewinnern zu machen. Häufig gibt es im Innovationsprozess zwangsläufig auch Verlierer, die sich nicht vermeiden lassen. Dabei muss es keineswegs gleich um den Verlust des Arbeitsplatzes gehen; ein Verlust kann für den einzelnen auch schon sein, wenn er nicht mehr wie bisher eine Aufgabe allein erfüllt, oder wenn er plötzlich für Aufgaben zuständig ist, die ihm als minderwertig erscheinen. Nicht selten empfindet der einzelne eine Veränderung auch als persönlichen Verlust, wenn dies bei objektiver Betrachtung gar nicht der Fall ist. Die Anzahl derjenigen, die sich in organisatorischen Innovationsprozessen als Verlierer sehen, ist daher meist größer als die Anzahl derjenigen, die dies nach objektiven Maßstäben tatsächlich sind. Aus ihnen speisen sich im wesentlichen die Bremser organisatorischer Veränderungen.

Während der Umsetzung ist daher darauf zu achten, dass denjenigen Kräften innerhalb des Managements wie auch der Mitarbeiter, die durch die organisatorische Innovation Aufgaben und Kompetenzen verlieren ohne neue hinzuzugewinnen, alle Möglichkeiten genommen werden, den Innovationsprozess aktiv zu behindern. Gleiches gilt für diejenigen Teile des Managements, die sich offen gegen eine organisatorische Innovation stellen, auch wenn sie keineswegs notwendigerweise zu den potenziellen Verlierern zählen. Immer wieder treffen wir in Unternehmen, wie anderswo, auf Überzeugungstäter, die eine bestimmte Sache, zum Beispiel eine organisatorische Innovation, vorwiegend aus Sacherwägungen heraus und nicht aufgrund eigener Interessen offen kritisieren und ablehnen.

Sie sind normalerweise Ausnahmeerscheinungen, die besondere Beachtung und auch Wertschätzung verdienen. Das gilt auch – oder vielleicht sogar vor allem – dann, wenn sie an ihrer kritischen und ablehnenden Haltung auch dann noch festhalten, wenn sie im Kampf um die Konzepthoheit den Kürzeren gezogen haben. Dennoch müssen auch sie sich, wenn sie im Unternehmen verbleiben, der neuen Ausrichtung unterordnen und eine Sache vertreten, die nicht die ihre ist. Tun sie dies nicht, muss auf sie dieselbe Regel angewendet werden wie auf diejenigen Manager, deren Funktion tatsächlich überflüssig geworden ist und für die es keine neuen Aufgaben und Kompetenzen mehr gibt.

Passen sie sich der neuen Ausrichtung jedoch offen an, ist keineswegs auszuschließen, dass sie sich im Laufe der Zeit vom Saulus zum Paulus wandeln. In diesem Fall ist die Unternehmensleitung gut beraten, die Betreffenden im Rahmen der Umsetzung der organisatorischen Innovation in eine herausgehobene Verantwortung zu bringen. Dies zeigt insbesondere den Unentschlossenen im Management und unter den Mitarbeitern, dass selbst prominente Gegner der eingeleiteten Innovation diese nun aktiv mit vorantreiben. Darüber hinaus wird deutlich, dass Widerstand sich nur dann lohnt, wenn man Niederlagen zu akzeptieren und sich neuen Realitäten anzupassen versteht. Und schließlich ist für jedermann zu sehen, dass die aktive Mitarbeit an der Umsetzung der Innovation auch persönliche Vorteile mit sich bringt.

Praxisbeispiel

In dem schon erwähnten Unternehmen der Elektroindustrie, in dem ein neues Verfahren der Leistungsgestaltung in der Produktion eingeführt wurde, wurde nicht nur von den zeitwirtschaftlichen Spezialisten, sondern auch von einigen Produktionsleitern anhaltender Widerstand dagegen geleistet, dass Leistungsstandards nun nicht mehr einfach von Experten vorgegeben, sondern mit den Mitarbeitern vereinbart werden mussten. Sie fürchteten eine Einschränkung ihres Direktionsrechts, wobei sie allerdings vergaßen, dass dieses auf dem Feld der Leistungsgestaltung aufgrund der Mitbestimmungsrechte des Betriebsrates ohnehin nicht uneingeschränkt gilt. Kein Produktionsleiter kann unter Leistungslohnbedingungen einseitig einfach festlegen, nach welchen Leistungsstandards zu arbeiten ist.

Dennoch wurde befürchtet, das neue Verfahren bedeute eine Ausweitung der betrieblichen Mitbestimmung, da nun Leistungsstandards mit den Mitarbeitern zu vereinbaren waren. Tatsächlich kam es aber nur zu einer Verschiebung der Verantwortlichkeiten zwischen zeitwirtschaftlichen Experten auf der einen und den Führungskräften und Mitarbeitern auf der anderen Seite. Allein dies wurde von einigen Produktionsleitern jedoch als eine massive Gefährdung ihrer (tatsächlichen oder auch nur vermeintlichen) Machtposition in Leistungsfragen gewertet. Diese sahen sie nämlich auf das bisherige, expertengestützte Verfahren gegründet, das ihnen gewisse Sicherheiten im Umgang mit Leistungsfragen verlieh. Eine Minderung des Einflusses der zeitwirtschaftlichen Experten in Leistungsfragen barg aus ihrer Sicht das Risiko eines Kontrollverlusts über die Leistung in sich.

Dieses Risiko versuchten einige Produktionsleiter nun dadurch zu mindern, dass sie entweder das neue Verfahren für ihren Verantwor-

tungsbereich einfach ablehnten, oder es offiziell einführten, ohne es tatsächlich zu praktizieren. Dies führte zu nicht unerheblichen zeitlichen Verzögerungen im gesamten Umsetzungsprozess und zu einer weitgehenden Blockierung aller effizienzsteigernden Maßnahmen aufgrund einer leistungspolitischen Pattsituation. Erst als in einigen Fällen die Möglichkeiten der Anwendung herkömmlicher zeitwirtschaftlicher Verfahren ausgeschlossen wurden, besannen sich einige der Produktionsleiter darauf, dass auf dem neuen Weg sich vielleicht doch mehr erreichen ließe, und gingen nun dazu über, die gegebenen Leistungsstandards gemeinsam mit den Meistern und Mitarbeitern zu überprüfen und neu zu vereinbaren.

Die Erfolge waren teilweise bestechend, was auch die bisherigen Bremser zu Treibern des neuen Ansatzes werden ließ. Einzelne von ihnen machten sich aufgrund der positiven Erfahrungen zu regelrechten Botschaftern des neuen Ansatzes. Das Topmanagement bot ihnen inner- und außerhalb des Unternehmens die Gelegenheit, über ihre Erfahrungen zu berichten und das neue Verfahren zu erklären. Dabei ließen sie nicht unerwähnt, dass sie keineswegs von Anfang an Anhänger des neuen Ansatzes waren. So wurde deutlich, dass der neue Ansatz nicht von opportunistischen „Ja-Sagern", sondern von erfahrenen und kritischen „alten Hasen" vorangetrieben wird. Sie gaben wiederum ein Vorbild für jüngere Führungskräfte ab, die erkannten, dass Widerstand gegen einen neuen Ansatz sich dann lohnt, wenn er nicht dazu führt, dass die Verhältnisse sich überhaupt nicht mehr bewegen, sondern trotz (berechtigter oder auch nicht berechtigter) Einwände in Bewegung kommen. Sie erkannten aber auch, dass sich der neue Ansatz durchgesetzt hatte und Widerstand insofern nutzlos geworden war.

Regel 22: Den Treibern Vorteile verschaffen

Mindestens ebenso wichtig, wie potenzielle oder aktive Bremser einer organisatorischen Innovation in ihrer Wirkung zu begrenzen, ist es, die Treiber organisatorischer Innovationen in den Genuss von Vorteilen zu bringen, die demonstrieren, dass sich der Einsatz für das Neue lohnt. Die Treiber der organisatorischen Innovation müssen erkennbar davon profitieren, dass sie sich für die Umsetzung der neuen Prinzipien und Methoden über die Maßen engagieren. Das fördert nicht nur ihre eigene Motivation, sondern zeigt vor allem den Bremsern, dass Veränderungsbereitschaft honoriert wird.

Praxisbeispiel

In einem Unternehmen der chemischen Industrie ist es lange üblich gewesen, für organisatorische Innovationen Projektleiter einzusetzen, die in ihrer Linientätigkeit nicht sonderlich erfolgreich waren. Besonders gängig war die Praxis, Manager zu Projektleitern zu machen, für die man gerade keine richtige operative Verwendung hatte. Dies führte dazu, dass Projektarbeit in dem Unternehmen schnell in den Ruf kam, etwas für potenzielle Versager zu sein, die nicht in der Lage sind, ihr operatives Geschäft vernünftig zu managen. Zugleich wurden organisatorische Innovationen in der internen Werteskala beträchtlich abgewertet, da ja nicht die Besten, sondern eher die Problemfälle im Management mit organisatorischen Innovationsaufgaben betraut wurden. Engagierte und innovationsorientierte Führungskräfte scheuten sich angesichts dieser Sachlage, Verantwortung für Veränderungsprojekte zu übernehmen. Sie fürchteten, in den Ruf von Versagern zu kommen, die sie mit Sicherheit nicht waren. Viele der eingeleiteten Projekte verliefen daher nach einer gewissen Zeit im Sande oder wurden ganz vergessen.

Das Topmanagement des Unternehmens erkannte in dem Maße, in dem es der strategischen Bedeutung organisatorischer Innovationen gewahr wurde, auch die Bedeutung einer anderen Vorgehensweise auf diesem Gebiet. Es bringt inzwischen die besten Nachwuchskräfte in die Verantwortung für organisatorische Innovationsprozesse, indem es ihnen zum Beispiel auf begrenzte Zeit Projektleitungsfunktionen überträgt, um sie danach in einer höherrangigen Linienposition einzusetzen. Darüber hinaus werden diese Führungskräfte im Rahmen ihrer beruflichen Weiterentwicklung gezielt so eingesetzt, dass sie als Multiplikatoren derjenigen organisatorischen Innovationen wirken können, für die sie einmal Projektverantwortung hatten. Einzelne sind auf diese Weise recht schnell in Spitzenpositionen vorgerückt und haben auf diesem Wege ausgewiesene Bremser aus dem Feld geschlagen. Heute weiß jeder im Unternehmen, dass sich mit organisatorischen Innovationen Karriere machen lässt.

Regel 23: Die mentalen Veränderungen transparent machen

Der Zweck organisatorischer Veränderungen besteht nicht darin, Führungskräfte und Mitarbeiter zufrieden zu machen. Keinem Unternehmen nutzen zufriedene Mitarbeiter, wenn der wirtschaftliche Erfolg ausbleibt und die Wettbewerbsfähigkeit verloren geht. Hohe Zufriedenheit kann außerdem auch zu Selbstzufriedenheit führen und organisatorische Veränderungen lähmen.

Gleichwohl hängt der Erfolg organisatorischer Veränderungen nicht unwesentlich davon ab, wie sie auf die Motivation und Zufriedenheit der Führungskräfte und Mitarbeiter wirken. Werden die Folgen einer organisatorischen Veränderung überwiegend negativ beurteilt, bleibt dies nicht ohne entsprechende Folgen für die Umsetzung; sind die Urteile hingegen positiv, befördert dies in aller Regel auch den Erfolg und die Stabilisierung der Maßnahmen.

Die Zufriedenheit der Führungskräfte und Mitarbeiter mit den jeweiligen organisatorischen Strukturen und Abläufen ist daher ein wichtiger Gradmesser im Veränderungsprozess. Vielfach herrschen in den Unternehmen die unterschiedlichsten Meinungen darüber vor, wie zufrieden die Führungskräfte und Mitarbeiter mit den jeweiligen Strukturen und Abläufen sind. Meist stimmen diese Meinungen allesamt, da sie sich auf unterschiedliche Bezugsgruppen beziehen, die auch unterschiedlich zufrieden sind.

An der Unterschiedlichkeit der Meinungen entzünden sich nicht selten Kontroversen, die einfach dadurch aufzulösen sind, dass mittels einer professionellen Befragung die Zufriedenheit gemessen und dokumentiert wird. Dann zeigt sich sehr schnell, wie sich die Gesamtstimmung in einem Unternehmen zusammensetzt und mit welchen Aspekten der Organisation die Führungskräfte und Mitarbeiter zufrieden oder unzufrieden sind.

Wichtig ist in diesem Zusammenhang, dass solche Messungen von vornherein als Controllinginstrumente für den Veränderungsfortschritt angelegt werden. Es geht nicht darum, mittels einer Mitarbeiterbefragung organisatorische Veränderungsbedarfe zu ermitteln und daraus Maßnahmen abzuleiten; vielmehr wird die Wirkung der Veränderungsmaßnahmen auf das Bewusstsein der Führungskräfte und Mitarbeiter überprüft, um so erkennen zu können, ob die

Maßnahmen von hinreichend vielen Führungskräften und Mitarbeitern getragen oder abgelehnt werden.

Der Nachweis gewachsener Zufriedenheitsgrade wirkt in organisatorischen Veränderungsprozessen als Verstärker und Stabilisator, während der Nachweis sinkender Zufriedenheitsgrade ein wichtiger Indikator für möglicherweise einzuleitende Korrekturen an den Veränderungsmaßnahmen ist.

Praxisbeispiel

In einem Maschinenbauunternehmen ist im Management ein Streit darüber entbrannt, ob die vor Jahren eingeführte Teamarbeit von den unteren Führungskräften und Mitarbeitern überhaupt noch gewollt wird. Einzelne mittlere und obere Führungskräfte berichteten, dass sich die meisten Mitarbeiter längst eine Rückkehr zu einer stärkeren Einzelarbeit wünschten, während andere betonten, ihre Mitarbeiter seien mit der Teamarbeit hoch zufrieden. Weitgehend einig waren sich alle Führungskräfte, dass die inzwischen erreichte Praxis der Teamarbeit zu verbessern sei; deswegen beschloss die Geschäftsleitung, den Umsetzungsstand genauer zu analysieren, Schwachstellen aufzuzeigen und die Arbeitsabläufe weiter zu verbessern. Um erkennen zu können, wie die eingeleiteten Maßnahmen zu einer Weiterentwicklung der Teamarbeit von den unteren Führungskräften und Mitarbeitern bewertet werden, wurde ein Fragebogen (Zufriedenheitsbarometer) entwickelt, mit dessen Hilfe die Zufriedenheit der Mitarbeiter mit unterschiedlichen Aspekten der Teamarbeit vor Beginn der eingeleiteten Maßnahmen (Nullmessung) und ein halbes Jahr später (Fortschrittsmessung) erfasst wurde. Die Ergebnisse beider Messungen wurden einander gegenübergestellt und im Unternehmen allgemein bekannt gemacht.

Im Ergebnis führte dies dazu, dass innerhalb des Managements weit sachlicher als zuvor darüber diskutiert wurde, wie es um die Motivation der Mitarbeiter bestellt sei. Meinung und Gegenmeinung der Befürworter und Gegner der Teamarbeit prallten nicht mehr unvermittelt aufeinander, sondern mussten sich auf Ergebnisse beziehen, die nicht anzuzweifeln waren. Diese zeigten alles in allem, dass die Teamarbeit von vielen Mitarbeitern und unteren Führungskräften zwar in Zweifel gezogen wurde, dass diese Zweifel aber auszu-

räumen waren, sofern die richtigen Maßnahmen zu einer Weiterent-
wicklung der Arbeitsorganisation durchgeführt wurden. Der Befra-
gung kam so eine wichtige Funktion bei der Stabilisierung und Wei-
terentwicklung eines Organisationsansatzes zu, der zunächst zu
scheitern drohte.

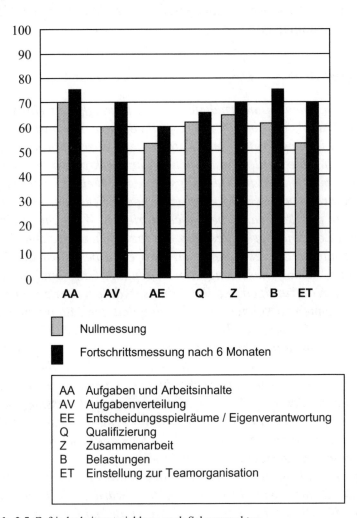

Abb. 3.5. Zufriedenheitsentwicklung nach Schwerpunkten

Regel 24: Umsetzungsfortschritte visualisieren

Die Motivation der Führungskräfte und Mitarbeiter hängt in Veränderungsprozessen nicht zuletzt davon ab, dass sie erkennen, welche Umsetzungsfortschritte erzielt werden. Bleibt der Realisierungsgrad, wie es leider nur allzu oft der Fall ist, weitgehend im Dunkeln, nährt dies in aller Regel Spekulationen und Vorurteile über den Fortschritt der organisatorischen Veränderungen. Während die einen für sich und ihre Bereiche reklamieren, dass schon viel erreicht sei, beharren andere darauf, dass wieder einmal außer großen Ankündigungen nichts passiert sei. Meist haben beide Seiten irgendwie Recht, da insbesondere bei Veränderungen, die mehrere Bereiche oder gar mehrere Standorte eines Unternehmens erfassen, die Umsetzung unterschiedlich schnell vorankommt. Umso wichtiger ist es, eine hinreichende Transparenz darüber herzustellen, wo der einzelne Bereich oder Standort jeweils steht und wie zügig die Umsetzung jeweils vorankommt. Nur so ist jenes Maß an internem Umsetzungswettbewerb zu erzeugen, ohne das sich organisatorische Veränderungsprozesse nicht stabilisieren lassen.

Das bloße Vertrauen in das Umsetzungsengagement aller Beteiligten und Betroffenen reicht nicht hin, um sicherzustellen, dass Veränderungsprozesse kontinuierlich voranschreiten und einmal erreichte Umsetzungsfortschritte beibehalten werden. Immer wieder kommt es zu Stillständen oder gar Rückschritten, wenn den Beteiligten und Betroffenen nicht verdeutlicht wird, wo sie stehen und welche Wegstrecke noch zurückzulegen ist. Als besonders wirksam erweist sich in diesem Zusammenhang, wenn diejenigen, die noch weit zurückhängen, erkennen, dass andere schon sehr viel weiter gekommen sind. Sie werden dadurch angespornt, ihre Anstrengungen zu verstärken und Umsetzungsrückstände aufzuholen.

Die Vergleiche müssen nach möglichst objektiven Maßstäben durchgeführt werden, da sonst der Eindruck entsteht, dass nicht fair verglichen wird. Hinzu kommt, dass die jeweiligen Ergebnisse offen dokumentiert und visualisiert werden müssen. Umsetzungsfortschritte sind gerade dann öffentlich zu machen, wenn erkennbar ist, dass die Realisierungsstände sehr unterschiedlich sind. In diesen Fällen werden diejenigen Bereiche, die anderen hinterherhinken, zwar mit allen möglichen Argumenten darauf verweisen, dass Umsetzungsvergleiche überhaupt keinen Sinn machen; gerade dies darf von den Treibern der Veränderung aber nicht akzeptiert werden, da es sich in aller Regel um Schutzbehauptungen handelt, mit denen sich die Nachzügler möglicher Kritik entziehen möchten.

Vor allem sie sind daran interessiert, die Umsetzungsfortschritte möglichst im Dunkeln zu belassen, da so nicht transparent wird, dass sie anderen hinterhinken. Für dieses Hinterherhinken mag es im Einzelfall zwar immer auch gute Gründe geben, die als Umsetzungshindernisse wirken; das heißt aber nicht, dass diese Hindernisse nicht aus dem Weg geräumt werden können. Auch die Diskussion über Hindernisse und die Möglichkeiten zu deren Beseitigung kommt in aller Regel erst dann in Gang, wenn transparent geworden ist, dass der eine Bereich oder Standort in der Umsetzung zügig vorangeschritten ist, währen andere noch in den Anfängen stecken oder möglicherweise noch gar nicht angefangen haben. Erst dann werden von den Nachzüglern die Gründe für ihren Rückstand überhaupt thematisiert, so dass nun auch darüber gesprochen werden kann, wie sie zu beseitigen sind.

Das Aufzeigen von Umsetzungsdefiziten dient in erster Linie der kontinuierlichen Verbesserung und Stabilisierung der Umsetzungsprozesse. Dies ist nicht möglich, ohne dass Vergleiche angestellt werden, die natürlich immer auch Fragen nach dem Veränderungsengagement und der Veränderungskompetenz der verantwortlichen Manager provozieren. Derlei Fragen müssen jedoch gestellt werden, da nur so zu vermeiden ist, dass Fehler und Schwachpunkte in der Umsetzung nicht zutage treten und daher auch nicht beseitigt werden können. Normalerweise reicht es aus, den Nachzüglern zu verdeutlichen, dass und wie andere besser vorankommen, um bei ihnen Lernprozesse auszulösen, die dann unverzüglich dazu führen, dass sie ihre Rückstände aufholen. Nicht selten sind auf diese Weise aus Nachzüglern schon nach kurzer Zeit Vorreiter einer organisatorischen Veränderung geworden.

Praxisbeispiel

Bei einem großen Möbelhersteller wurden im Laufe der neunziger Jahre mehrere Elemente von Lean Production umgesetzt. Dabei handelte es sich im Schwerpunkt um die Bausteine Zielvereinbarun-

*gen, Gruppenarbeit, Kontinuierliche Verbesserung (KVP) und Visu-
elles Management. Zu den einzelnen Bausteinen waren standardisierte Instrumente entwickelt worden, die den einzelnen Produktionsbereichen zur Verfügung gestellt wurden. Von der Unternehmensleitung wurden die jeweiligen Bereichsverantwortlichen
aufgefordert, gemäß dieser Instrumente die Umsetzung eigenver-
antwortlich voranzutreiben. Dabei wurde von der Geschäftsführung
betont, dass die Bausteine als Hilfsmittel zur Realisierung der wirtschaftlichen Ziele der kommenden Jahre einzusetzen seien. Die Erreichung dieser Ziele wurde jährlich gemessen, nicht jedoch der Realisierungsgrad der einzelnen Bausteine.*

*Schon bald zeigte sich, dass die jeweiligen Bereichsverantwortli-
chen die Umsetzung der einzelnen Bausteine mit zum Teil sehr unterschiedlicher Intensität und Geschwindigkeit vorantrieben. Im
Laufe der Zeit bildeten sich so Vorreiter und Nachzügler heraus,
was dazu führte, dass insbesondere seitens der unteren und Mittleren Führungskräfte sowie der Mitarbeiter die Frage gestellt wurde,
wie verbindlich die neuen Ansätze eigentlich seien. Die Bereiche
entwickelten sich in ihren Führungsmethoden und Organisationsansätzen immer weiter auseinander, so dass immer weniger Klarheit
darüber bestand, nach welchen Ansätzen das Unternehmen in seinen
Produktionsbereichen zu führen sei. Daraufhin beschloss die Geschäftsleitung, mittels eines regelmäßigen Monitoring die Umsetzungsstände der einzelnen Bausteine zu erfassen und miteinander zu
vergleichen. Die Ergebnisse wurden in Gesprächen zwischen den
Bereichsleitern und der Geschäftsführung behandelt.*

*Erst so wurde es möglich, die Gründe für die unterschiedlichen
Umsetzungsstände auf den oberen Führungsebenen offen zu thematisieren. Dabei zeigte sich, dass die Umsetzung teilweise ohne das
dafür notwendige Engagement vorangetrieben wurde; gleichzeitig
wurde jedoch auch deutlich, dass einzelne Bausteine nicht in gleicher Weise für alle Bereiche Sinn machten. Im Ergebnis kam es daher sowohl zu einer Forcierung der Umsetzung in denjenigen Fällen, in denen zu wenig getan worden war; zugleich wurden die
Bausteine aber auch auf die einzelnen Bereiche stärker angepasst,
so dass sie dort auch besser zu realisieren waren.*

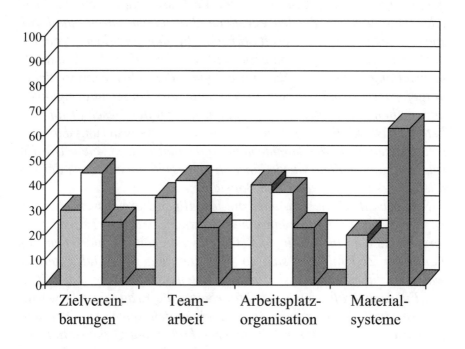

Aktivitäten :

 Bereich A

☐ Bereich B

■ Bereich C

Abb. 3.6. Monitoring

Regel 25: Die Disziplinierung vorantreiben

Die Nachhaltigkeit organisatorischer Innovationen hängt nicht nur
davon ab, dass sie für die Unternehmen bessere wirtschaftliche Ergebnisse und für die Beschäftigten verbesserte Arbeitsabläufe mit
sich bringen. Zur Nachhaltigkeit gehört auch, dass die neuen Prinzipien und Methoden zu Arbeitsstandards werden, die mit der notwendigen Disziplin einzuhalten sind.

Bestleistungen sind, wie wir nicht nur aus der Welt der Arbeit, sondern auch aus der Welt der Kunst oder der Welt des Sports wissen, ohne die disziplinierte Befolgung und ständige Verbesserung von Standards nicht möglich. Jeder Pianist von Weltrang übt daher täglich seine Etüden und jeder Tennisstar seinen Aufschlag. Wenn heute viele Unternehmen erhebliche Schwierigkeiten haben, neue Prinzipien und Methoden, sind sie erst einmal überhaupt zum Laufen gebracht worden, zu stabilisieren, dann ist dies nicht unmaßgeblich auf den Umstand zurückzuführen, dass sie sich nicht der Mühe und vor allem auch nicht der Disziplinierung unterziehen, die notwendig ist, um sie in Standards und Routinen zu überführen.

Vielfach herrscht die irrige Meinung vor, neue Prinzipien und Methoden würden allein schon dadurch zu Standards und Routinen, dass sie einen erkennbaren Nutzen stiften. Das stimmt manchmal, aber nicht immer. Ohne Nutzen lassen sich Standards kaum routinisieren und sollten wohl auch nicht routinisiert werden. Doch auch nützliche Standards sind keine Selbstläufer, sondern verwandeln sich nur durch Übung und Disziplin in Routinen. Häufig stehen sie nämlich gegen gewohnte Verhaltensweisen, die regelrecht wegtrainiert werden müssen, um den neuen überhaupt Platz zu schaffen. Die Routinisierung neuer Standards ist häufig also durchaus mühsam. Erst wenn sie wirklich beherrscht werden, führen sie zu den gewünschten Erleichterungen.

Dies ist, wie im Sport, nur durch regelmäßiges Training möglich. Zu diesem Zwecke müssen den Mitarbeitern durch ständige Vergleiche mit anderen die besten Methoden aufgezeigt und entsprechend dokumentiert und formalisiert werden. Des weiteren kommt es darauf an, die Mitarbeiter auf der Basis formalisierter Beschreibungen in der Anwendung zu üben und laufend zu überprüfen, wie gut sie die neuen Methoden beherrschen. Die Ergebnisse dieser Überprüfungen müssen öffentlich gemacht werden, so dass jeder sehen kann, wo er und andere stehen. Und schließlich müssen die Methoden, wenn die Mitarbeiter einen ausreichenden Perfektionsgrad erreicht haben, gemeinsam mit ihnen weiter verbessert werden.

Diese Art von Führung kann ohne eigenes methodisches Fachwissen und entsprechende fachliche Erfahrung nicht praktiziert werden. Deswegen werden die besten Trainer im Sport in aller Regel aus ehemaligen Spielern rekrutiert. Nur sie verfügen über die notwendige Fachautorität, die überall notwendig ist, wo durch fachliche Disziplinierung Bestleistungen herbeigeführt werden. Wir können daher festhalten, dass die vielleicht wichtigste Regel erfolgreichen Innovationsmanagements darin besteht, Führungskräfte und Mitarbeiter in dem Sinne zu disziplinieren, dass neue Standards und Routinen nicht nur beschrieben, sondern auch regelmäßig trainiert und auf diesem Wege eingehalten werden.

Praxisbeispiel

Ein Hersteller von Haushaltsgeräten hat sich entschlossen, mit un- und angelernten Arbeitern am Standort Deutschland ein neues Produkt herzustellen. Die unteren Führungskräfte wurden zu diesem Zweck systematisch auf die Gestaltung der Arbeitsabläufe vorbereitet, die sie heute gemeinsam mit ihren Mitarbeitern zu optimieren haben. Die Arbeit ist zu diesem Zwecke in Teams organisiert worden, zu deren Aufgabe unter anderem auch die Entwicklung und Optimierung von Standards gehören.

In systematischen Schulungen vor und während des Anlaufs des Produkts wurde den Führungskräften verdeutlicht, wie wichtig es für die Sicherstellung möglichst ruhiger Arbeitsabläufe ist, dass Ablaufstandards beschrieben sind, die nach Möglichkeit von jedem einzelnen auch eingehalten werden. In einer eigens entwickelten Simulation wurde ihnen gezeigt, welche Auswirkungen auf Qualität und Stückzahl entstehen, wenn keine Standards beschrieben sind, an die sich der einzelne halten kann. Darüber hinaus wurde ihnen demonstriert, wie Abweichungen von Standards zu thematisieren und zu beheben sind. Dabei wurde unterstrichen, dass sie in diesem Zusammenhang unter anderem auch eine erzieherische Aufgabe wahrzunehmen haben, die darin besteht, dass sie ihre Mitarbeiter daran gewöhnen müssen, nach Standards zu arbeiten, die sie selbst mitentwickeln. Diese Standards sind einzuhalten, es sei denn, es gäbe bessere.

Die unteren Führungskräfte, die mit dieser Philosophie vertraut gemacht wurden, machten sich die entsprechenden Prinzipien und Methoden schnell zu eigen und schlossen mit einer Vorstellung von Selbstorganisation ab, die keine Standards und keine persönliche Disziplin, sondern nur individuelle Freiheitsgrade kennt. Sie begrif-

fen, dass gerade ein komplexes Produkt nur dann fehlerfrei gefertigt werde kann, wenn die einzelnen Arbeitsvorgänge möglichst vereinfacht und standardisiert werden. Sie begriffen aber ebenso, dass sie dafür zu sorgen haben, dass die Standards von ihren Mitarbeitern eingehalten werden. Der insgesamt äußerst erfolgreiche Anlauf des neuen Produkts bestätigte diese Vorgehensweise und bewies, dass komplexe Serienprodukte auch von Mitarbeitern und Führungskräften gefertigt werden können, die mit den Mechanismen einer komplexen Serienproduktion zunächst noch nicht so vertraut waren.

4 Ausblick: Innovation und Wettbewerbsfähigkeit am Standort Deutschland

Erfolgreiches Innovationsmanagement ist, wie wir gesehen haben, ein Prozess, der gegen das Streben von Unternehmen nach Ruhe und Stabilität voranzutreiben ist. Zwar müssen auch neue organisatorische Lösungen wieder zu stabilen Zuständen führen; bevor dies jedoch möglich ist, müssen gegebene Strukturen und Abläufe in Frage gestellt und aufgebrochen werden. Damit sind für die Unternehmen erhebliche Unsicherheiten und Risiken verbunden. Die Furcht, sie nicht zu beherrschen, ist einer der Hauptgründe dafür, dass sich insbesondere mittlere und kleine Unternehmen mit organisatorischen Veränderungen nach wie vor ziemlich schwer tun. Nur wenige Unternehmen sind organisatorisch für die wirtschaftlichen Herausforderungen einer forcierten Globalisierung, wie sie beispielsweise mit der Erweiterung der Europäischen Union (EU) zu erwarten sind, schon hinreichend gerüstet.

Das ängstliche Festhalten an scheinbar bewährten Strukturen und Abläufen verhilft den Unternehmen indes immer weniger dazu, das zu tun, was sie im Interesse ihrer Wettbewerbsfähigkeit mehr denn je machen müssen: durch die kontinuierliche Überprüfung und Verbesserung ihrer organisatorischen Strukturen und Abläufe mit dem geringst möglichen Aufwand beste Qualität zu erzeugen. Sich zur Erreichung dieser Zielsetzung allein oder auch nur vorwiegend auf die technologische Weiterentwicklung der Arbeitsmittel (Automatisierung) zu verlassen, ist der falsche Weg. Er ist nicht nur mit steigenden Fixkosten verbunden, sondern verkennt auch, dass es entscheidend von der Schärfe des Werkzeugs Organisation abhängt, welche Ergebnisse ein Unternehmen erzielt. Sich durch die Flucht in die Technik den Schwierigkeiten organisatorischer Rationalisierung zu entziehen, ist weniger denn je eine erfolgversprechende Option. Gefordert ist vorrangig die Neugestaltung des Faktors Arbeit, nicht dessen Ersetzung durch Maschinen. Das schließt Automatisierung nicht aus, begrenzt sie aber auf ein angemessenes Maß.

Das Bewusstsein für die Potenziale organisatorischer Rationalisierung ist durch die Ende der achtziger Jahre einsetzende Diskussion um Lean Management und Lean Production geschärft worden. Zuvor hatten viele Unternehmen in Hinblick auf die Produktivitätsentwicklung eher auf den technologischen Fortschritt der Produktions- und Arbeitsmittel sowie auf zeitwirtschaftliche Methoden als auf organisatorische Innovationen gesetzt. Die mittlerweile vollständig in der Versenkung verschwundene Diskussion um die vollautomatische CIM-Fabrik steht hierfür ebenso wie die Blütezeit des Industrial Engineering, die heute auch der Vergangenheit angehört.

Dennoch bleiben zahlreiche Unternehmen gegenwärtig nach wie vor weit unterhalb ihrer Möglichkeiten, wenn es darum geht, ihre Wettbewerbsfähigkeit auf organisatorischem Wege zu verbessern. So wurde beispielsweise in einer Studie des Forschungsinstituts von McKinsey (McKinsey Global Institute 2002) jüngst der Nachweis geführt, dass die französische Automobilindustrie ihre Produktivität in den letzten Jahren weit mehr gesteigert hat als die deutsche. Berichtet wird in dieser Studie zum Beispiel, dass in den Jahren 1996 bis 1999 die Arbeitsproduktivität französischer Automobilunternehmen um jährlich 15 Prozent wuchs, während sie in deutschen Automobilunternehmen jährlich nur um weniger als 2 Prozent zunahm. Die französische Automobilindustrie hat dadurch die deutsche hinsichtlich der Arbeitsproduktivität inzwischen überholt.

Eine Automobilnation, die bis Ende der achtziger Jahre immer eher im Schatten der deutschen Automobilindustrie gestanden hat, hat sich in der Zwischenzeit auf den Weg gemacht, die deutschen Hersteller zu übertrumpfen. In Frankreich ist es offenkundig weit besser als in Deutschland gelungen, von Lean Production und Lean Management zu lernen und die entsprechenden Lehren in die Tat umzusetzen. In Deutschland bestimmen demgegenüber, trotz aller Fortschritte der letzten Jahre, vielfältige Blockaden - nicht nur in der Automobilindustrie - das Innovations- und Rationalisierungsgeschehen. Sie finden ihre Ursachen nur zum Teil innerhalb der Unternehmen. Immer deutlicher tritt inzwischen ins allgemeine Bewusstsein, dass die Wettbewerbsfähigkeit von Unternehmen nicht zuletzt auch von der Innovationsfähigkeit des (sozial-)politischen und tariflichen

Systems abhängt. Es gibt jedoch wenig Hoffnung, dass die notwendigen Veränderungen auf politischer und tariflicher Ebene schnell vorankommen werden. Das für Veränderungen notwendige Political Engineering wird auf unternehmensübergreifender Ebene heute weniger beherrscht als in den Unternehmen. Umso wichtiger ist es, dass in den Unternehmen die organisatorischen Veränderungsprozesse weiter forciert werden. Dazu gehört seitens der Manager die von Peter F. Drucker schon vor Jahrzehnten geforderte Bereitschaft, „Veränderungen dieser Wirtschaftswelt geistig vorzubereiten, sie in Gang zu setzen, durchzuführen und auf diese Weise die Grenzen, die sich aus den wirtschaftlichen Gegebenheiten für die Handlungsfreiheit des Unternehmens ergeben, ständig zu erweitern." (Drucker 1970, S. 20)

Die Erneuerung des Standortes Deutschland muss von den Unternehmen ausgehen, die nicht warten können, bis sich die wirtschaftlichen und politischen Rahmenbedingungen verbessert haben. Über einen Kompass der Veränderung verfügen sie am Standort Deutschland. Es geht um die Realisierung und Weiterentwicklung einer „schlanken Hochleistungsorganisation" (Weber et.al. 1999, S. 8ff.), wie wir sie heute in den wettbewerbsfähigsten Unternehmen innerhalb und außerhalb Deutschlands antreffen. Sie ist nur zu realisieren, wenn alle Verantwortlichen in den Unternehmen, Manager wie Betriebsräte, gemeinsam den Ehrgeiz entwickeln, ihre Unternehmen wieder in jene Spitzenpositionen bei Qualität und Produktivität zu bringen, die über lange Zeit den exzellenten Ruf des Standortes Deutschland ausgemacht haben. „Betriebliche Bündnisse für Wettbewerbsfähigkeit und Arbeit" werden in diesem Zusammenhang in den nächsten Jahren einen noch höheren Stellenwert bekommen, als es in den letzten Jahren schon der Fall gewesen ist. Manager und Betriebsräte müssen versuchen, alle ihnen zur Verfügung stehenden Spielräume zu nutzen, um die Wettbewerbsfähigkeit der Arbeitsplätze am Standort Deutschland voranzutreiben.

Geschieht dies nicht, wird insbesondere in der sogenannten Old Economy, also im verarbeitenden Gewerbe, die Standortflucht weiter voranschreiten. Sie wird heute schon in vielen Unternehmen nicht nur als Ausweg aus wenig vorteilhaften Standortbedingungen, sondern auch als eine Möglichkeit genutzt, schwierige Veränderungen an den deutschen Standorten aus dem Weg zu gehen. Die

Standortflucht schreitet auf diese Weise in manchen Unternehmen schneller voran als die notwendigen Veränderungen im eigenen Hause. Der Hinweis auf ungünstige Rahmenbedingungen ist in diesem Zusammenhang zwar gewiss gerechtfertigt; allzu oft mangelt es in den Unternehmen aber auch an jener Risikobereitschaft, ohne die „Schöpferische Zerstörung" gerade auf organisatorischem Gebiet nicht zu haben ist.

Nicht nur unter den Mitarbeitern und Betriebsräten, sondern auch im Management herrscht heute an vielen Stellen ein Sicherheitsdenken vor, das unternehmerische Initiative und Dynamik in hohem Maße erstickt. Wir finden dieses Denken sowohl in Bezug auf die Gestaltung organisatorischer Strukturen und Abläufe, die immer noch mit vielen Puffern ausgestattet werden, um Risiken zu vermeiden. Wir finden es aber insbesondere auch hinsichtlich einer geringen Bereitschaft zur Übernahme beruflicher und persönlicher Risiken. Gerade Manager erweisen sich in dieser Hinsicht häufig weit mehr als Sicherheitssucher als es manche Bekenntnisse zum Unternehmertum erwarten ließen.

Doch auch Manager sind, wie alle Menschen, auf die eine oder andere Art Kinder ihrer Zeit beziehungsweise ihrer Gesellschaft. Die deutsche Wohlstandsgesellschaft hat in Verbindung mit einer ausgeprägten sozialstaatlichen Orientierung das Sicherheitsdenken in allen Bevölkerungs- und Berufsgruppen stark gefördert. Dadurch ist das möglicherweise stärkste mentale Hindernis entstanden, das Veränderungen in- und außerhalb der Unternehmen entgegensteht. Innovation ist ohne Risikobereitschaft indes nicht zu bekommen. Wer nach absoluter Sicherheit strebt, wird daher auch niemals unternehmerisch denken und handeln. Sicher ist im menschlichen Leben nur der Tod, während das Leben selbst ein einziges Risiko ist.

Risiken gilt es nach Möglichkeit freilich immer zu begrenzen. Das ist aber nur möglich, wenn sie auch eingegangen werden. Die Erstbesteiger des Mount Everest, Edmund Hillary und Tenzing Norgay, sind zweifellos große Risiken eingegangen, die sie, zum Beispiel durch die Mitnahme von Sauerstoff, zugleich zu begrenzen suchten. Nachdem sie erfolgreich waren, hat Reinhold Messner das Risiko weiter erhöht, indem er die Besteigung ohne Sauerstoff, zunächst zu zweit und später alleine durchführte. „Sicherheitssucher" erobern keine neuen Gipfel, sondern begrenzen ihre Risiken, indem sie sie gar nicht eingehen. „Schöpferische Zerstörung" benötigt daher „Risikosucher", die bereit sind, Neues zu wagen und dafür auch berufliche oder gar persönliche Risiken in Kauf zu nehmen. Diese müssen (und sollten vielleicht auch) nicht so groß sein, wie bei der Besteigung des Mount Everest; das unternehmerische Ziel, beste Qualität bei höchster Produktivität zu bieten, gleicht aber ohne weiteres bergsteigerischen Zielsetzungen. Man erreicht es nicht ohne größte Anstrengungen und ohne Gefahr zu laufen, auf dem Weg nach oben abzustürzen. Um dies zu vermeiden, ist Mehreres zu beachten:

- Organisatorische Innovationen sind, insbesondere in Wirtschaftsunternehmen, keine jenseits ökonomischer Zwecke sich vollziehende Vorgänge. In Unternehmen finden zwar laufend Lernprozesse statt; trotzdem sind Unternehmen keine „lernende Organisation", deren Zweck darin bestünde, sich ständig weiterzuentwickeln. Organisatorische Veränderung ist kein (Selbst-) Zweck, sondern ein Mittel, um wirtschaftliche Ziele zu erreichen - nicht mehr, aber auch nicht weniger. Als ein solches muss sie daher auch genutzt und betrieben werden.
- Organisatorische Innovationen sind sowohl mit den Menschen, wie aber auch gegen sie zu betreiben. Wir haben es auch hier nicht mit einem „Entweder-Oder", sondern mit einem „Sowohl-Als-Auch" zu tun. Innovatoren müssen Betroffene nicht nur zu Beteiligten machen, sondern auch dafür sorgen, dass unverbesserlichen Bremsern die Möglichkeit genommen wird, Veränderungen zu blockieren. Political Engineering ist nichts, bei dem einfach darauf gesetzt werden kann, mittels Beteiligung sei alles zu richten. Die Peitsche gehört daher ebenso in den Werkzeugkasten von Innovatoren wie das Zuckerbrot. Sind beide nicht in der geeigneten Art und Weise aufeinander abgestimmt, kommen organisatorische Innovationen nicht voran.
- Die Spirale „Schöpferischer Zerstörung" dreht sich zusehends schneller. Christoph Deutschmann hat in diesem Zusammenhang zu recht von „Sisyphusarbeit" (Deutschmann 1996) gesprochen: die Negativfolgen einmal installierter, innovativer Organisationsansätze müssen in zunehmend kürzeren Zeitabständen durch weiterführende Veränderungen wieder beseitigt werden. Die Innova-

toren selbst geraten dadurch in immer stärkere Begründungszwänge; was sie gestern noch guthießen, müssen sie heute schon wieder in Frage stellen. Das wirft die Frage nach ihrer Glaubwürdigkeit auf. Diese können sie nicht mehr dadurch begründen, dass sie sich zu unbeugsamen Verfechtern eines bestimmten organisatorischen Konzepts machen. Glaubwürdigkeit können sie nur noch gewinnen, wenn sie sich jenseits aller Organisationsideologien der ständigen Verbesserung der Wettbewerbsfähigkeit ihrer Unternehmen verschreiben und es ihnen zugleich gelingt, deutlich zu machen, dass hierfür auch ständig eigene Überzeugungen in Frage zu stellen und zu verändern sind. Nur wer sich auch selbst verändert, bleibt sich im Prozess „Schöpferischer Zerstörung" auf Dauer treu.

Die Zeiten starrer Ideologien, gleich welcher Couleur, sind auf dem Feld organisatorischer Innovationen daher ebenso vorbei wie die Trennung organisatorischer Veränderungen in eine fachliche (harte) und prozessuale (weiche) Komponente. Political Engineering organisatorischer Innovationen umfasst immer beides: die Sache und die Interessen. Gefordert sind daher Manager und Co-Manager, die beides beherrschen und organisatorische Veränderungen mit jenem Maß an Zielorientierung, Realismus, Nüchternheit, Risikobereitschaft und Machtbewusstsein betreiben, das alle erfolgreichen Innovatoren auszeichnet. Sie sind die Pioniere, die wir mehr denn je am Standort Deutschland brauchen.

Angaben zum Autor

Nach einem organisationswissenschaftlichen Studium in Deutschland und Frankreich begann Roland Springer seine berufliche Laufbahn an den Universitäten Darmstadt und Göttingen mit Untersuchungen zum technisch-organisatorischen Wandel in der Automobilindustrie, im Maschinenbau und in der chemischen Industrie. Danach war er mehr als zehn Jahre bei der DaimlerChrysler AG tätig, zuletzt als Leiter Arbeitsorganisation und Verbesserungsmanagement.

Inzwischen ist er geschäftsführender Gesellschafter des von ihm im Jahr 2000 gegründeten Instituts für Innovation und Management (IIM) (www.iim-stuttgart.de), das Unternehmen bei der Entwicklung und Umsetzung innovativer Organisationsansätze berät. Er ist Autor des im Jahre 1999 erschienenen und vielbeachteten Buches „Rückkehr zum Taylorismus? Arbeitspolitik in der Automobilindustrie am Scheideweg" sowie Privatdozent an der Universität Tübingen.

Literatur

Barthel J (2001) Standardisierung in Innovationsprozessen. Möglichkeiten für eine entwicklungsbegleitende Koordination. München Mering

Deutschmann C (1996) Rationalisierung als Sisyphusarbeit. In: Hoß D, Schrick G (1996) Wie rational ist Rationalisierung heute? Ein öffentlicher Diskurs. Stuttgart Berlin

Doppler K, Fuhrmann H, Lebbe-Waschke B, Voigt B (2002) Unternehmenswandel gegen Widerstände. Change Management mit den Menschen. Frankfurt New York

Drucker PF (1970) Die Praxis des Management. Ein Leitfaden für die Führungsaufgaben in der modernen Wirtschaft. München Zürich

Hauschildt J (1997) Innovationsmanagement. München

Institut für angewandte Arbeitswissenschaft (IfaA) (Hrsg) (2002) Ganzheitliche Produktionssysteme. Gestaltungsprinzipien und deren Verknüpfung. Köln

Kratzsch S (2000) Prozess- und Arbeitsorganisation in Fliessmontagesystemen. Essen

Lacher M, Springer R (2002) Leistungspolitik und Co-Management in der Old Economy. In: WSI-Mitteilungen 06/2002, S. 353–359

Macchiavelli N (1978) Der Fürst, Stuttgart

Malik F (2000) Führen, Leisten, Leben. Wirksames Management für eine neue Zeit. Stuttgart München

McKinsey Global Institute (2002) Reaching higher productivity in France and Germany.

Noll P, Bachmann HR (2001) Der kleine Macchiavelli. Handbuch der Macht für den alltäglichen Gebrauch. München

Schmitt C (1994) Gespräch über die Macht und den Zugang zum Machthaber. Berlin

Schmitt C (2002) Der Begriff des Politischen. Text von 1932 mit einem Vorwort und drei Corrollarien. Berlin

Schumpeter JA (1912) Theorie der wirtschaftlichen Entwicklung. Leipzig

Springer R (1999) Rückkehr zum Taylorismus? Arbeitspolitik in der Automobilindustrie am Scheideweg. Frankfurt New York.

Stühmeier W, Stauch V (2002) Mercedes-Benz-Produktionssystem – Implementierung und Controlling in der Produktion A-Klasse-Motoren. In: Institut für angewandte Arbeitswissenschaft (IfaA)

(Hrsg) (2002) Ganzheitliche Produktionssysteme. Gestaltungsprinzipien und deren Verknüpfung. Köln. S. 93–125

Tichy NM (1995) Regieanweisung für Revolutionäre. Unternehmenswandel in drei Akten. Frankfurt New York

Warnecke HJ, Bullinger HJ (2003) Kunststück Innovation. Praxisbeispiele aus der Fraunhofer Gesellschaft. Berlin Heidelberg

Weber H, Königstein U, Töpsch K (1999) Hochleistungsorganisation. Wettbewerbsfähigkeit und Restrukturierung. München

Personalmanagement

B. Badura, Universität Bielefeld;
T. Hehlmann, Osterholz-Scharmbeck

Betriebliche Gesundheitspolitik

Der Weg zur gesunden Organisation

Wertschöpfung in der Wissens- und Dienstleistungsgesellschaft hängt ab von Kompetenz und Motivation der Beschäftigten im Umgang mit Technik, Menschen und Informationen. Wohlbefinden und Gesundheit bilden dafür essentielle Voraussetzungen, die es zu pflegen und zu fördern und deren mögliche Beeinträchtigungen es zu verhindern gilt. Eine wissenschaftlich fundierte Neuausrichtung der betrieblichen Personal- und Gesundheitspolitik.

2003. X, 363. S. 52 Abb. Geb. **€ 49,95**; sFr 80,00   ISBN 3-540-00110-7

M. E. Domsch, Universität der Bundeswehr Hamburg;
D. H. Ladwig, F.G.H. Forschungsgruppe Hamburg (Hrsg.)

Handbuch Mitarbeiterbefragung

Mitarbeiterbefragungen sind gerade im Zusammenhang mit Personal- und Organisationsentwicklungsmaßnahmen oder Total Quality Management unverzichtbar. Besondere Aktualität haben sie im Rahmen des Performance Managements und des Einsatzes von Audits und von Balanced Scorecards gewonnen. Mitarbeiterbefragungen dienen damit dem gesamten Change Management im privatwirtschaftlichen Unternehmen ebenso wie im öffentlichen Bereich. Dieses Buch vermittelt Praktikern aus Wirtschaft und Verwaltung die verschiedenen Methoden der Mitarbeiterbefragung und leistet durch konkrete Beispiele eine wertvolle Hilfestellung zur Umsetzung in der beruflichen Praxis.

2000. VIII, 435 S. 94 Abb. Geb. **€ 79,95**; sFr 124,00   ISBN 3-540-66812-8

B. S. Frey, University of Zurich, Switzerland;
M. Osterloh, University of Zurich, Switzerland (Eds.)

Successful Management by Motivation

Balancing Intrinsic and Extrinsic Incentives

Motivated people are crucial to create a sustainable competitive advantage for your company. Successful Management by Motivation shows that in a knowledge-based society, this goal cannot be achieved by extrinsic motivation alone. To succeed, companies have to find ways of fostering and sustaining intrinsic motivation. With the help of in-depth case studies, representative surveys, and analyses based on a large number of firms and employees, this joint work of business researchers and economists identifies the various aspects of motivation in companies and shows how the right combination of intrinsic and extrinsic motivation can be achieved.

2002. XVI, 299 pp. 24 figs., 11 tabs. (Organization and Management Innovation)
Hardcover * **€ 48,10**; sFr 77,00   ISBN 3-540-42401-6

Springer · Kundenservice · Haberstr. 7 · 69126 Heidelberg
Tel.: (0 62 21) 345 - 0 · Fax: (0 62 21) 345 - 4229
e-mail: orders@springer.de

Die €-Preise für Bücher sind gültig in Deutschland und enthalten 7% MwSt.
Preisänderungen und Irrtümer vorbehalten. d&p · BA 003